PETITS PORTS DE PÊCHE

PETITS PORTS DE PÊCHE

PATRICK MOUTON

ARTHAUD

SOMMAIRE

À Alexandre Bonard, Roland Féraud et Marien Poggi,
pêcheurs des côtes de France, parmi tant d'autres, passés, présents et à venir…

Un grand merci à tous ceux, pêcheurs, passionnés de la mer, scientifiques, plaisanciers, ou, tout simplement, amis de rencontre, qui m'ont aidé à mieux connaître et à encore plus aimer le monde de la pêche en France.

Tout particulièrement merci à : Association An Test, Daniel Audibert, Jean-Louis Binche, Didier Briche, Bernard Cadoret et l'équipe du *Chasse Marée*, Pierre Camus, Jacques Donat Casanova, Jean-Louis Durgue, Patrice Chafer, Michel Cloatre, Nicolas Gérardin, Yves et Brigitte Gladu, Franck Jubelin, Rémy Lafon, Patrick Lelong, Yannick Lemoigne, Pierre Loti, Roger Miniconi, Gérard Puig, Raba, chantier de La Teste, Alain Riva, Claude Spiès, Claude Tarin, Nardo Vicente, Leslie Widmann.

Également merci à Xavier Olivieri, Agence du Tourisme de la Corse, et à Martine Deshusses, SNCM Ferryterranée.

PRÉFACE

La France possède l'un des plus riches patrimoines maritimes du monde. Patrimoine naturel avec un littoral extrêmement diversifié, des «abers» bretons aux calanques provençales, des marais d'Oléron aux plages corses nichées au creux du maquis. Patrimoine historique aussi avec un passé naval riche et prestigieux, des galères de Rome chargées d'amphores aux grands voiliers nantais de la route du Horn. Patrimoine humain, enfin, avec ses populations de gens de mer dont l'illustration la plus forte est sans conteste l'éventail des dizaines de petits ports de pêche qui jalonnent les côtes françaises.

Ouverts sur la Manche, l'Atlantique et la Méditerranée, ces petits ports développent ici une activité intensive, là ne regroupent que six ou huit crevettiers ou quelques barquettes

assoupies au soleil. Tous sont héritiers d'un passé séculaire et vivent une délicate transition entre hier ô combien riche et un demain incertain. Les hommes qui y vivent sont rudes et les femmes courageuses. Encore intacts pour la plupart, les petits ports sont en outre d'une stupéfiante beauté. Les découvrir, c'est d'abord goûter tous les jeux de lumière sur les coques multicolores, les cordages des filets, les quais traversés par le vol des mouettes. C'est aussi rencontrer les gardiens d'une tradition authentique qui réunit le mariage âpre et subtil de l'homme et de la mer.

Ce livre propose un regard déjà nostalgique sur cet univers miraculeusement préservé, mais de jour en jour plus fragile, menacé qu'il est par les réglementations et la pêche industrielle.

NORMANDIE

À Honfleur, les vieilles demeures assoupies et les quais évoquent la prestigieuse époque des «terre-neuvas».

Sur les quais de Honfleur, des enseignes évoquent ici et là le passé mouvementé du port.

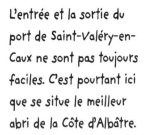

L'entrée et la sortie du port de Saint-Valéry-en-Caux ne sont pas toujours faciles. C'est pourtant ici que se situe le meilleur abri de la Côte d'Albâtre.

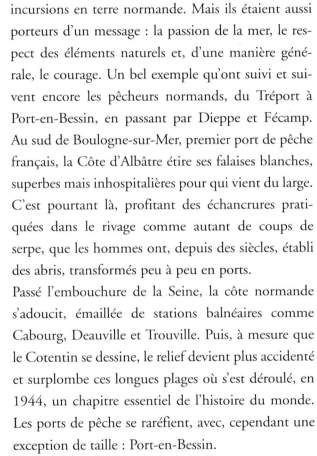

Venus du Danemark et de Norvège, les drakkars vikings semaient la terreur à chacune de leurs incursions en terre normande. Mais ils étaient aussi porteurs d'un message : la passion de la mer, le respect des éléments naturels et, d'une manière générale, le courage. Un bel exemple qu'ont suivi et suivent encore les pêcheurs normands, du Tréport à Port-en-Bessin, en passant par Dieppe et Fécamp. Au sud de Boulogne-sur-Mer, premier port de pêche français, la Côte d'Albâtre étire ses falaises blanches, superbes mais inhospitalières pour qui vient du large. C'est pourtant là, profitant des échancrures pratiquées dans le rivage comme autant de coups de serpe, que les hommes ont, depuis des siècles, établi des abris, transformés peu à peu en ports.

Passé l'embouchure de la Seine, la côte normande s'adoucit, émaillée de stations balnéaires comme Cabourg, Deauville et Trouville. Puis, à mesure que le Cotentin se dessine, le relief devient plus accidenté et surplombe ces longues plages où s'est déroulé, en 1944, un chapitre essentiel de l'histoire du monde. Les ports de pêche se raréfient, avec, cependant une exception de taille : Port-en-Bessin.

En Normandie, la pêche est une tradition séculaire. Considéré comme le meilleur refuge de la région, le port de Saint-Valéry-en-Caux a été créé en 1224. Avant 1789, on comptait à Honfleur plus de dix mille pêcheurs et personnes occupées à des emplois dérivés. Déjà, depuis le XVIe siècle, les pêcheurs normands s'aventurent jusqu'à Terre-Neuve pour y traquer la morue. Appelée «capitale des terre-neuvas», Fécamp arme à la veille de la Seconde Guerre mondiale, la moitié de la flotte de chalutiers morutiers de France.

Le Tréport

Au pied d'une haute falaise devant laquelle s'étend une grande plage de galets gris et blancs, Le Tréport regroupe, bien abrités derrière son phare et ses majestueuses digues, un avant-port qui assèche complètement, puis, en amont d'une écluse, un arrière-port prolongé, tout au fond, par un bassin de plaisance. Si le côté nord de ce plan d'eau donne sur un bassin réservé aux navires de commerce, toute la rive sud est bordée d'un quai très animé où se succèdent restaurants, pâtissiers, bars, poissonneries et boutiques. Les ruelles attenantes montent jusqu'à une église massive.

Au Tréport, la pêche est une vieille histoire d'hommes et de mer. Aujourd'hui, Térésa Castelot coule une retraite paisible en Vendée. Au début des années trente, alors qu'elle avait onze ans, son père, Alexandre Bonard, s'embarqua à bord du *Léon Malvina*, un solide pêcheur côtier en bois gréé avec foc, grand-voile et tapecul, armé en été au maquereau et fin octobre au hareng. Ce dernier poisson constituait alors une ressource importante pour les populations locales.

Lorsque le bateau rentrait, Alexandre, comme les autres marins, avait des harengs «jusqu'au niveau des fesses». La foule s'assemblait alors sur le quai et les poissons étaient aussitôt vendus à raison de deux pour un sous. Alexandre rentrait chez lui, se débarrassait de ses vêtements englués et, une fois propre, prenait un repos mérité avant de repartir pour la marée suivante.

Térésa se souvient : «Les vendeuses partaient dans les rues en poussant des petites voitures chargées de harengs qui étaient vendus à la mesure. Elles agitaient une cloche pour avertir les habitants. Cela sentait le hareng partout, au détour de chaque maison, dans chaque ruelle… »

Le moteur marque au Tréport, comme dans bien d'autres ports de France, un tournant. Les bateaux se modernisent, perfectionnent au fil des ans leurs équipements de pêche et de navigation. Alexandre, lui, a déjà pris sa retraite…

LE CARRELET AU CIDRE

Difficile de trouver en Normandie une recette de cuisine où le cidre ne figure pas parmi les ingrédients… Dans une cocotte de fonte, faire cuire doucement des pommes de terre coupées en tranches dans un peu de corps gras. Puis recouvrir d'une épaisse couche d'oignons, eux aussi coupés en rondelles. Disposer un carrelet entier, ou en morceaux s'il est trop gros. Verser du cidre et laisser cuire à feu très doux. La chair blanche du poisson et l'arôme du cidre composent un mélange savoureux et subtil.

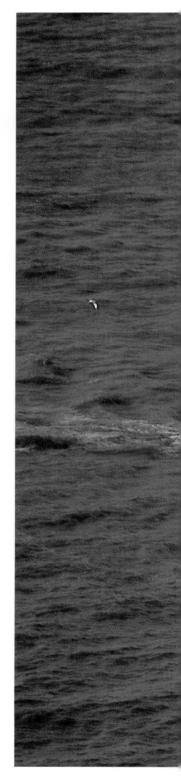

Avec une trentaine de bateaux en activité, Le Tréport a su conserver un dynamisme étonnant. Ici, les sorties en mer ne durent généralement qu'une marée.

Bordant une immense plage de galets, le musoir du port est surmonté d'un phare qui constitue un lieu de promenade très apprécié des Tréportais et des touristes.

Aujourd'hui, vingt-huit bateaux travaillent au Tréport. Ce sont des unités polyvalentes qui pêchent la seiche au casier dès le printemps, la sole, la morue, le bar et le lieu au trémail et au chalut, ainsi que le crustacé, mais dans une moindre proportion. La coquille Saint-Jacques est également exploitée à une échelle beaucoup plus grande que dans la rade de Brest où elle fait l'objet d'une réglementation draconienne. Le matin et l'après-midi, dès que les bateaux

tréportais accostent, leur pêche est vendue sur le quai même par les épouses des marins, au milieu des cris des goélands qui se disputent les entrailles des poissons. À ce moment précis, lorsque le quai s'anime, Le Tréport retrouve quelques lueurs de son passé, quand le hareng faisait vivre le bourg et toutes les fermes des alentours, et que les poissons grillaient lentement dans un coin de la cheminée, en attendant le retour du chef de famille.

13

Saint-Valéry-en-Caux

La Côte d'Albâtre est entaillée, entre Dieppe et Fécamp, d'un long fjord sinueux qui offre depuis plusieurs siècles un excellent abri aux navigateurs, malgré une passe parfois difficile à négocier. Les relations de l'homme et de la mer remontent ici à la préhistoire, avec la découverte de hameçons en pierre et de galets servant à lester les filets. Dès le Moyen Âge, la pêche aux harengs y est prospère et les bassins actuels sont creusés.

Jusqu'à la fin du siècle dernier, une flottille se spécialise dans la pêche à la morue, et de nombreux chalutiers partent chaque année pour Terre-Neuve et l'Islande. Mais la concurrence de Fécamp entraîne un rapide déclin des ambitions morutières de Saint-Valéry.

Les doris ouverts sont ici les héritiers directs des doris morutiers.
Les pêcheurs normands furent parmi les premiers à s'aventurer jusqu'à Terre-Neuve.

Dans ce petit port où séjournèrent Georges Sand et Berlioz, où Victor Hugo écrivit «Ô combien de marins, combien de capitaines...», seule la pêche côtière est encore aujourd'hui pratiquée.

L'avant-port qui assèche à marée basse, est occupé sur son quai nord par six bateaux : trois doris ouverts, héritiers des doris morutiers, mais aujourd'hui propulsés par des moteurs hors-bord, et trois unités pontées de huit à dix mètres. À raison de deux marées par jour, les prises sont rapportées et aussitôt proposées sur le quai aux acheteurs : seiches au printemps, poissons plats, morues et bars, pêchés au filet.

L'excédent de la pêche est acheminé par camion jusqu'à Fécamp pour être vendu aux mareyeurs.

Quoique réduit, l'effectif de cette flottille est stable. En arrière de ce premier bassin, un second plan d'eau en eau profonde est réservé à la plaisance, dans un décor agréable bien intégré au sein des hauteurs environnantes.

De part et d'autre du port, se déroule l'impressionnant spectacle des hautes falaises crayeuses du pays de Caux.

15

Honfleur

en baie de Seine. Le hareng constituait l'essentiel des prises, avec plus de quarante mille barils par an ! Honfleur armait également une flottille de terre-neuvas qui, chaque année, partaient pour la grande

Spectacle insolite : les quais et les bateaux de Honfleur... sous la neige.

Avec ses quais, ses ruelles et ses vieilles demeures aux pierres polies, peu de ports en France attirent autant de touristes que Honfleur. Mais combien de visiteurs savent qu'autrefois, Honfleur était un port de pêche dynamique et entreprenant ? Au siècle dernier, une bonne centaine de canots pêchaient au filet maillant

aventure de la morue. Puis, un lent déclin s'est amorcé. L'un après l'autre, les bateaux ont été désarmés. Aujourd'hui, seules quelques unités pêchent encore la sole, le turbot et la crevette, ainsi que la coquille Saint-Jacques, que les nombreux restaurants de la ville mettent à leur carte.

Seule une poignée de bateaux témoigne encore d'un passé prestigieux, quand Honfleur armait une puissante flotte de pêche côtière et hauturière.

Quelques anciens bateaux de pêche à voile ont été restaurés et ajoutent une touche supplémentaire au charme des vieux quais de Honfleur.

17

Humour, mais aussi
nostalgie pour cette
façade qui a vu passer des
générations de marins et
de pêcheurs.

Les vieilles maisons qui
bordent les quais
contribuent à créer cette
atmosphère si particulière
qui fait de Honfleur
l'un des petits ports
les plus visités de France.

19

Port-en-Bessin

À Port-en-Bessin, il n'y a pas de bateaux de plaisance. La pêche y est l'unique activité.

La Manche est dure, parfois très dure. Devant un café, quelques pêcheurs me le confirment. Non loin de nous, plusieurs puissants chalutiers sont amarrés au quai, prêts à partir. Sur la Côte de Nacre, à quelques kilomètres au nord de Bayeux, Port-en-Bessin possède un avant-port qui assèche à marée basse, et un bassin intérieur en eau profonde, protégé par une écluse. Entouré de collines verdoyantes, le bourg aligne ses maisons sur le quai ouest. À l'entrée du port, une petite redoute monte la garde, avec son toit conique et ses meurtrières.

Entièrement consacré à la pêche (il n'y a ici aucun bateau de plaisance), Port-en-Bessin arme entre trente-huit et quarante et un bateaux. La moitié d'entre eux sont des chalutiers de dix-huit à vingt-deux mètres, qui partent pour des marées de plusieurs jours dans la Manche Ouest, jusqu'au large d'Ouessant et des côtes sud de l'Angleterre. Les autres sont soit de petits fileyeurs, soit des ligneurs qui, chaque jour, ramènent bars, lieus, soles et raies, soit des bateaux armés à la coquille Saint-Jacques.

Port-en-Bessin possède aussi quelques bateaux qui pêchent les crustacés – tourteaux et homards – au casier. Les principales techniques halieutiques sont ici réunies. Par le tonnage des prises, ce port est un des plus actifs de la Manche et le poisson part à destination de toute l'Europe occidentale.

Pour la petite histoire, Port-en-Bessin, situé au cœur de la « grande explication » du débarquement allié, ne souffrit aucun dommage. Pas la moindre bombe, pas le plus petit obus ! En fait, les Américains avaient choisi cet endroit pour y installer leur terminal pétrolier qui devait ravitailler le matériel roulant débarqué – chars, camions, Jeeps, motos, etc.

DES CANONS SUR LA MER

Port-en-Bessin possède un musée tout à fait original, situé juste à l'entrée du bourg.

Plongeur passionné, Jacques Lemonchois, a passé des milliers d'heures à explorer les eaux de la Manche et, tout particulièrement celles situées devant les plages du débarquement allié. Au prix d'efforts incroyables, il a patiemment récupéré un invraisemblable matériel de guerre : chars, canons, mitrailleuses, etc., qui sont aujourd'hui exposés en plein air. Étonnant !

Alignés les uns sur les autres, les casiers à crustacés offrent un spectacle original. Mais à Port-en-Bessin, le gros de la flottille est constitué de chalutiers de haute mer.

BRETAGNE NORD

À Erquy, presque cent bateaux armés à la pêche côtière capturent soles, turbots, grondins et coquillages, surtout des coquilles Saint-Jacques.

Saint-Malo possède quatre bassins à flot qui abritent une flottille de pêche assez active. Mais le tourisme et les liaisons maritimes avec l'Angleterre constituent le véritable poumon maritime de la cité corsaire.

La côte nord de la Bretagne décline avec un rare bonheur la palette d'un peintre : tantôt en demi-teinte, tantôt avec des tons plus soutenus, les sites sont d'une étonnante diversité. Les plages arrondies en forme de coquillage ou étirées avec nonchalance voisinent avec les criques aux blocs de granit rose. Entourées de nuées d'îlots, visibles ou masqués au bon vouloir de la marée, des îles ponctuent le rivage, montrées du doigt par de hauts caps, qui eux-mêmes prolongent des falaises accores. En fait, il n'y a pas une, mais bien plusieurs Bretagne du Nord, depuis le Mont-Saint-Michel jusqu'au phare de la Vierge, haut de quatre-vingt-deux mètres et demi. Au gré d'un tel faste naturel, les petits ports de pêche sont blottis ici et là, derrière leurs épaisses digues érigées comme des remparts contre les coups de chien de la Manche. Sur plusieurs d'entre eux plane encore le souvenir de ceux de la «grande pêche», les «Terre-Neuvas» et les «Islandais», dont les actes de courage et les drames servent quelques-unes des plus belles pages de l'histoire maritime de notre pays.

Sur le quai Morand et le quai Pierre-Loti, les demeures des anciens armateurs évoquent le passé prestigieux de Paimpol, l'époque des «Islandais» qui, chaque année, partaient traquer «l'or blanc».

Les quais de Paimpol sont toujours animés. Souvent des vieux gréements se mêlent aux bateaux de pêche, en un magnifique spectacle.

Paimpol, un soir de printemps, tout empreint de douceur et de verdure retrouvée… La lande est ourlée d'ajoncs, au hasard des sentiers bordés de genêts rutilants de jaune, du côté de Ploubazlannec ou de Pors Even. Les lumières sont ici tamisées, éphémères, mais l'œil attentif peut en capter le velouté. Tout en longueur, niché au fond d'une baie profondément échancrée qui assèche presque entièrement à marée basse, Paimpol s'assoupit.

Mais que l'on ne s'y trompe pas : derrière cette paix des sens – à laquelle ne sont pas étrangers la polychromie des bateaux de pêche amarrés dans le bassin en eau et l'alignement des vieilles maisons aux tons réchauffés par le soleil qui décline –, se dégage une sorte d'envoûtement… Impossible de résister à cette palpitation, dès les premiers pas sur la surface luisante des quais. Sous son apparente quiétude, Paimpol entretient jalousement une histoire aux accents tragiques de

saga : les campagnes des «Islandais», immortalisées par le roman de Pierre Loti. En 1845, un incroyable filon «d'or blanc», d'immenses bancs de morues, est découvert près des falaises d'Islande, là où la mer et le ciel se confondent dans un gris d'acier éternel. Pendant presque un siècle, chaque année, après le «Pardon des Islandais», dont la procession se déroulait le 8 décembre, jour de Notre-Dame de Bonne-Nouvelle, des dizaines de goélettes partaient pour plusieurs mois, sous le regard des femmes, des mères, des enfants, mais aussi des armateurs qui se frottaient les mains. À cette époque, le cours de la morue était au plus haut, et chaque campagne leur permettait de caresser les perspectives de solides bénéfices.

En 1935, la grande pêche s'arrête brusquement, définitivement. La sécherie de morue construite dans une ruelle tout près du quai n'est même pas mise en service. À sa place sera créé un musée de la pêche, ouvert

27

aujourd'hui de Pâques à septembre. Entre-temps, année après année, plus de cent bateaux et quelques deux mille marins ne reviendront pas des froides eaux islandaises. Ce sont souvent de simples paysans enrôlés à la faveur de cuites phénoménales dans les tavernes du port ouvertes du côté du quartier Latin. Une bonne partie d'entre eux avaient de quinze à vingt ans. Aujourd'hui, au «Terre Neuva» ou au «Chalutier», l'ambiance n'est plus aux départs enthousiastes, comme ceux de Yann, le héros de Loti. Reste que, même si le travail est à présent côtier, les Bretons sont nés avec de l'eau de mer autour du cœur, et aujourd'hui encore, les Paimpolais méritent pleinement le respect porté à leur profession qui est d'abord une façon de vivre...

Paimpol, un soir de printemps, donc. Passé l'aventure «islandaise», que reste-t-il ? D'une part, il y a le charme d'un port considéré, à juste titre, comme l'un des plus beaux de Bretagne. Les vieilles maisons des armateurs alignent leurs murs de carte postale aux volets bleus, verts ou rouges, sur le quai Morand ou le quai Pierre-Loti. Juste derrière, le centre de la ville réserve au promeneur ses placettes, ses ruelles et ses demeures séculaires au granit impérissable. D'autre part, aux côtés de vieux gréements magnifiques et d'une poignée de bateaux de plaisance, est offert le spectacle d'une vingtaine de bateaux «polyvalents», qui travaillent la coquille, en hiver, puis s'arment en caseyeurs, fileyeurs et ligneurs à la belle saison. Ils rapportent chaque jour, ou lors de courtes marées, araignées, tourteaux, homards, raies, rougets, bars et turbots. Ce travail côtier de proximité n'enlève rien – même si les expéditions lointaines font partie du passé –, au mérite de ceux qui l'accomplissent, quelle que soit l'humeur de la Manche. Des espèces nobles sont le plus souvent vendues sur place, par les poissonniers ou dans les restaurants de Paimpol et des environs.

En saison, les pêcheurs paimpolais arment au casier et capturent tourteaux, homards et langoustes.

Ouvert sur la baie du Mont-Saint-Michel, le port de Cancale est un actif centre ostréicole. Sa réputation vient surtout de la qualité gustative de ses huîtres plates.

Le port de Cancale est protégé par deux longs musoirs. La plupart des barges ostréicoles mouillent en rade foraine.

Loguivy-de-la-Mer

Entre la ria du Trieux et la pointe de l'Arcouest, un petit village débouche sur un port arrondi comme une Saint-Jacques, entouré de faibles hauteurs de verdure qui descendent presque jusqu'au niveau de la marée haute. Sur la droite, en contrebas d'une belle demeure blanche aux volets bleu marine, une jetée solidement bâtie se prolonge par un quai et un môle où a été construite une petite criée. À gauche, un phare délimite l'entrée du port, au pied d'un bouquet d'arbres. Attenante à la placette, une minuscule église se détache du pâté de maisonnettes. Dans une ruelle, un petit établissement accueillant, le «Café du Port», est ouvert depuis 1876. Dès la sortie du port, qui assèche totalement à marée basse, c'est un incroyable entrelacs de récifs et d'îlots, un extraordinaire archipel miniature qui, si l'on louvoie avec précaution, conduit jusqu'à Bréhat. Lorsque l'eau est claire, ce dédale de granit surgi de la mer ressemble à certaines contrées «tropicales». À Loguivy, une douzaine de bateaux de huit à dix mètres pratique la pêche aux crustacés, homards et araignées principale-

ment. Sur le quai, des casiers bleus à cordages blancs sont alignés sur deux ou trois hauteurs, offrant une image un peu analogue à celles des alvéoles d'une ruche.

L'originalité première de Loguivy ? C'est, indiscutablement, sa parfaite intégration avec le milieu végétal et le milieu marin, comme un trait d'union tout en douceur de deux mondes dont les marées font et défont les contours, heure après heure.

LA SAINT-JACQUES SELON FRANÇOIS

Enfant de Loguivy, François Le Guen est professeur de pêche au lycée marin de Paimpol. Il est aussi cuisinier à ses heures. Sa passion : la coquille Saint-Jacques, préparée selon une recette très simple. Il suffit de faire saisir des noix de Saint-Jacques dans du beurre fondu dans une poêle. On ajoute un jus de citron, avant de laisser réduire cinq minutes à feu doux. À part, dans une casserole, on chauffe deux doigts de whisky que l'on verse sur les Saint-Jacques avant de les flamber. On retire ensuite les noix de la poêle, pour lier le jus avec de la crème fraîche. Il ne reste plus qu'à napper les coquilles chaudes de cette sauce

Tout près de la pointe de l'Arcouest, le port de Loguivy s'ouvre sur un archipel en miniature aux allures de lagon tropical.

Depuis Loguivy, le dédale d'îlots et de rochers permet de rallier, à marée haute, l'île de Bréhat, considérée comme l'une des plus belles de la Bretagne Nord.

Le port lui-même offre un arrondi quasi parfait, au pied d'une végétation dense qui cascade jusqu'à la mer.

Ploumanac'h

À Ploumanac'h, la navigation ne date pas d'hier, comme en témoigne cette épave romaine datant du IVᵉ siècle de notre ère. Elle a été retrouvée non loin des Sept Îles, chargée de lingots de plomb ; puis, l'équipe de Michel L'Hour, archéologue à la Direction des recherches archéologiques sous-marines, l'a étudiée minutieusement entre 1984 et 1986. Plus près de nous, Ploumanac'h abrite dans une minuscule rade naturelle qui, mis à part un étroit chenal d'accès, découvre à marée basse, une vingtaine de petits plaisanciers et quelques bateaux de pêche au casier. À la sortie, côté droit, une petite maison de la mer domine deux ou trois viviers à crustacés. Le site est entouré de résineux et, surtout, d'énormes blocs de granit rose. Non loin de là, une carrière exploite un gisement de cette pierre dont les reflets varient selon la lumière. Passé la sortie du chenal, c'est un véritable dédale d'îlots, eux aussi tout de rose vêtus, qui offrent des dizaines de mouillages forains dans un cadre magnifique. Puis, c'est le large, vers les Sept Îles ou les Triagoz. Le plus grand des îlots, appelé Costaères, est occupé par un étonnant château, construit au siècle dernier par un ingénieur polonais, avec tours flanquantes et barbacane à l'entrée du domaine. Cet endroit tranquille a reçu la visite de plusieurs écrivains et artistes, comme Henryk Sienkiewicz, l'auteur du roman *Quo vadis ?*, ou Léo Ferré, dont l'inspiration marine a peut-être trouvé ici, entre granit et mer, quelques-uns de ses accents les plus forts.

La pêche au casier est la principale activité halieutique de Ploumanac'h.

Le port de Ploumanac'h se niche au milieu de massifs de granit rose.

Au fond, le château
de Costaêres, construit
au siècle dernier.

FINISTÈRE

Entre la rade de Lilia et la pointe Saint-Mathieu, sans doute lassé de battre et de rebattre contre le granit, l'océan a-t-il voulu un jour, lui aussi, goûter la paix de la lande bretonne, ici boisée, là découverte, toujours fortement iodée et parsemée de murets de pierre ? C'est peut-être ainsi que se sont créés les abers : ces longs fjords sinueux qui pénètrent dans le paysage terrestre en se rétrécissant et au fond desquels l'étale de basse mer laisse encore les bateaux dans leur souille, sous une voûte de verdure. Cette côte, dite des « Païens », en souvenir des naufrageurs qui y sévissaient, est relativement peu connue des plaisanciers. Dommage, à en juger par la beauté des petits ports de pêche qui la jalonnent.

Au sud du Conquet, la rade de Brest protège derrière un étroit goulet son vaste plan d'eau aux multiples ramifications, rias et criques. Un monde à part, que les éléments du large semblent ne jamais pouvoir atteindre. C'est ici depuis longtemps le domaine de la Saint-Jacques et des coquilliers qui la pêchent de manière aujourd'hui très réglementée. Outre Brest,

la rade abrite quelques ports de pêche, tous plus séduisants les uns que les autres.

Passé le cap de la Chèvre, son superbe hameau de Rostudel et ses criques transparentes lorsque le temps est calme, s'étend la baie de Douarnenez sillonnée autrefois par des dizaines de voiles qui partaient à la sardine ou en revenaient.

Si le port de pêche de Douarnenez n'a plus et de loin, le cachet de tant d'autres ports bretons, la ville possède encore des façades pittoresques aux couleurs vives. Et du côté du port Rhu, souffle plus que jamais l'évocation du passé, avec une extraordinaire concentration de vieux gréements.

Le Finistère, ce sont aussi des îles, du nord au sud : Ouessant, poste avancé de granit érigé dans l'océan, puis l'archipel de Molène, appartenant, comme Ouessant, au Parc régional d'Armorique. Enfin Sein, combat permanent d'une terre basse contre la houle océane et les coups de suroît. Si, sur Ouessant, Le Stiff est essentiellement un abri, Molène et Sein possèdent chacune un petit port de pêche.

39

Battue par la puissante houle atlantique, exposée aux terribles coups de vent d'ouest, Ouessant n'abrite qu'une poignée de bateaux de pêche. Les plus gros d'entre eux n'hésitent pas à affronter des conditions de mer parfois d'une extrême dureté.

Le Stiff

Ouvert sur la côte nord-ouest de Ouessant, le port du Stiff, exposé au nordet, abrite une poignée de bateaux de pêche. Au filet ou à la ligne, ceux-ci pratiquent une petite pêche artisanale à la journée. Ils n'hésitent pas à travailler dans les conditions de mer parfois extrêmes que connaît l'île et qui en font un des endroits les plus dangereux du littoral de France. Protégé par une haute digue, le port lui-même est dominé par un imposant phare haut de quarante mètres et construit en 1700 sur ordre de Vauban. Au début, le feu de ce phare était alimenté avec du charbon et de l'huile. Côté terre, les maisons entourant le port donnent sur une lande que bordent des chemins creux, où de petit troupeaux de moutons s'intègrent parfaitement à un paysage austère, mais prenant, de bout du monde. Battu par le vent, opposé aux tempêtes d'ouest et de suroît, un morceau de terre resté longtemps inaccessible et dont la découverte est un temps fort au cours d'un voyage initiatique en Bretagne...

Quelques petits canots pêchent le bar et le lieu jaune à la ligne, au milieu des courants et des roches affleurantes à marée haute.

Tout autour de Ouessant, la brume elle-même est un des éléments avec lesquels les pêcheurs doivent composer.

Dressé à l'extrémité de la chaussée de Sein, Ar-Men est un des cent onze phares qui jalonnent la côte du Finistère, entre la pointe du Raz et Lilia.

Bastion exposé à la fureur océane, le phare de Tévennec se dresse en face de la pointe du Raz.

La ria du Port Rhu abritait jusque vers 1950 des chantiers navals. Au début des années quatre-vingt-dix, un bassin à flot y est créé, permettant l'installation d'un remarquable musée maritime.

Celui-ci regroupe aujourd'hui une collection d'anciens bateaux exposés à terre dans une conserverie et, à flot, un éventail de belles unités : bateau phare, barge de la Tamise, gabarre, bateaux de pêche, etc.

Molène

D'une surface de un kilomètre carré, soit presque cent fois moins que Belle-Île, Molène est située à mi-chemin entre Ouessant et Le Conquet. Ronde et peu élevée, elle est couverte de minuscules champs et d'une lande rase où de petits troupeaux de moutons paissent en liberté. Molène est l'île principale d'un archipel appartenant au Parc régional d'Armorique et déclaré «réserve de biosphère» par l'Unesco depuis 1989. Tout autour, des îles et îlots inhabités, dont plusieurs sont classés réserves naturelles ou réserves ornithologiques, sont inaccessibles au public pour en préserver les colonies d'oiseaux marins.

Cette richesse faunistique se retrouve également sous la mer. L'archipel de Molène émerge d'un vaste pla-teau peu profond où abondent toutes les espèces végétales et animales de la côte bretonne. Seigneurs des lieux, les grands dauphins et les phoques gris, après avoir connu une période de raréfaction, évo-luent à nouveau et sont strictement protégés.

Le village même de Molène occupe une bonne par-tie de l'île et possède un port ouvert à l'est et pro-tégé par trois digues alignées. Le quai principal est bordé des maisons blanches traditionnelles à toiture d'ardoise.

Ici, l'on est pêcheur par tradition. Sinon, l'on fait carrière dans la marine marchande. Une seule res-source, un seul état d'esprit : la mer. Une douzaine de bateaux, presque tous en bois, travaillent au filet, au casier et à la ligne. Ils vont principalement dans la partie ouest de l'archipel, sur le plateau rocheux peu profond. La production reste le plus souvent locale. C'est d'ailleurs un trait essentiel de Molène : pour vivre, ses trois cents habitants ont depuis longtemps appris à ne dépendre que d'eux-mêmes. L'île étant

Entre Le Conquet et Ouessant, Molène possède un véritable petit port, ouvert à l'est et protégé par trois digues.

dépourvue de sources, chaque maison est équipée de sa propre citerne de récupération d'eau de pluie. Le village possède, en outre, un grand impluvium de granit qui, lui aussi, récupère l'eau et la distribue par un réseau de conduites. Autre exemple d'autarcie : pendant la Seconde Guerre mondiale, les Molénais, n'étant plus ravitaillés en vivres depuis le continent, furent contraints de manger les phoques gris qui abondaient alors.

Tout près du port, accessible à marée basse, l'îlot de Lédenez est parsemé de cabanes en bois. Entre mai et octobre, ces abris de fortune sont occupés par des « pigouillers », c'est le nom donné aux ramasseurs de goémon venus de Plouguerneau. Ceux-ci effectuent à bord de bateaux équipés de scoubidous leur récolte qui, régulièrement, est transportée jusqu'à Lanildut et Saint-Pabu.

Le goémon est utilisé dans l'industrie, en pharmacie et dans le domaine alimentaire.

LES SAUCISSES AUX ALGUES

Cette recette est communiquée par « L'Archipel » qui est l'un des deux bars-restaurants de l'île – le second étant « Kastell An Daol ». Paradoxalement, elle se réalise avec une saucisse fabriquée localement dans le Finistère… mais très peu à Molène, bien qu'elle en porte le nom ! Mais la qualité de cette préparation justifie bien une légère entorse géographique. D'autant plus qu'elle s'inspire d'une habitude molénaise dictée par les nécessités de l'isolement : la conservation de la viande par fumage. Cette saucisse, à base de gras et de maigre de porc, est suspendue en cheminée et fumée sur un feu de goémon sec. Elle acquiert ainsi un parfum exquis et original, que certains charcutiers, comme la maison Blaize au Conquet, obtiennent. Il suffit ensuite de faire cuire la saucisse et de la présenter accompagnée de pommes de terres. Un régal !

Plus qu'une tradition, la pêche est à Molène une manière de vivre, avec ses gestes de chaque jour, ses craintes et ses joies. Ici, l'on est pêcheur par tradition.

La flottille molénaise, regroupe une dizaine de canots et de bateaux presque tous construits en bois. Il s'agit de petits fileyeurs, ligneurs et caseyeurs, dont la pêche est le plus souvent consommée sur place.

Hier florissante,
la construction navale
subsiste encore à Camaret.
Mais l'époque
des charpentiers qui
travaillaient par
dizaines près du «Sillon»
est définitivement
révolue.

Vestiges du temps passé,
ces bateaux finissent
de pourrir à deux pas de la
chapelle de Notre-Dame-
de-Rocamadour, à Camaret.

À terre, quelques grands chalutiers et des carènes beaucoup plus anciennes cohabitent. Aujourd'hui, Camaret arme encore deux «crabiers», ces bateaux traditionnels en bois à la coque percée. Ici, la pêche a de puissants accents de... nostalgie.

51

Seín

Séparée de la pointe du Raz par une impressionnante chaussée fort mal pavée, Sein est un cas particulier. La plupart des autres îles bretonnes sont naturellement bien intégrées à l'océan et à ses coups de gueule dont elles savent se défendre. Sur Sein, le combat contre les éléments est permanent. C'est même une façon de vivre, pour les deux cents Sénans qui y séjournent à l'année. Avec une hauteur maximale de… six mètres, l'île a déjà été par trois fois engloutie sous les flots. Les maisons du village sont étroitement regroupées, comme arc-boutées les unes contre les autres pour mieux résister à la fureur du vent. Les ruelles ne sont pas rectilignes, afin de déjouer la force des rafales, et leur largeur a été volontairement limitée au passage d'un tonneau de vin.

Ouvert à l'est, le port est enserré dans une digue qui forme avec la grève un cercle presque parfait. Aujourd'hui, moins de dix bateaux pêchent encore. Et quelle pêche : tous sont des ligneurs qui capturent le bar à la traîne au hasard des courants de la chaussée de Sein, et de préférence, quand le temps est mauvais. Le dicton est d'ailleurs clair : « mer blanche, mer à bars ». Il s'agit là d'une technique de pêche noble pour un poisson noble, où le danger fait partie du jeu, où les départs au surf sur d'énormes lames sont le lot quotidien.

La belle saison voit arriver plusieurs bateaux goémoniers qui installent sur l'île une base avancée. Régulièrement, comme à Molène, le goémon est acheminé jusqu'aux ports de la Côte de Païens : Lanildut et Saint-Pabu. À Sein, comme dans tant d'autres îles, les habitants sont non seulement heureux, mais fiers de leur condition îlienne. Que les éléments continuent d'épargner ce lambeau de terre

égaré en mer, et que la vigilance du phare d'Ar Men, tout là-bas au large, ne se relâche jamais… Car, au fil des ans, la chaussée de Sein a été la cause de très nombreux naufrages, mais aussi le théâtre des exploits des sauveteurs en mer sénans, dont le courage est à la mesure des éléments qu'ils affrontent.

Sur l'île, l'altitude ne dépasse pas 1,50 mètres. Les maisons sont rapprochées à se toucher pour résister aux «ravalious». Ces rafales de vent balaient tout sur leur passage et transportent des grains de sable avec une telle violence, que ces derniers sont capables de trouer les pierres des murs.

53

Longue d'à peine deux kilomètres, l'île est ourlée de baies de galets qui se succèdent. Le petit port se blottit au fond de l'une d'elles, protégé par plusieurs jetées qui abritent les quelques bateaux de pêche sénans et les navettes qui relient l'île au continent.

BRETAGNE
SUD

Bien abrité dans la rivière d'Étel, Saint-Cado est, avec ses maisons de pêcheurs, l'un des plus jolis petits ports de la Bretagne Sud.

Entre le raz de Sein et l'estuaire de la Vilaine, il vaut mieux prendre son temps pour goûter une à une les beautés de la Bretagne Sud. Bienvenue dans l'un des plus merveilleux paysages du monde, ici ensoleillé, là niché sous la pluie, toujours réceptif à celui qui sait, sans hâte, en découvrir les recoins, les avens, les prairies baignées par la mer, les moutons qui se prennent pour des marins, les fermes où le cidre est un appel irrésistible à la convivialité. Dans la baie des Trépassés, les planchistes se jouent des vagues atlantiques qui assaillent leur spot. Puis, c'est le pays bigouden, véritable bastion avec ses rocs dressés comme becs et ongles contre la fureur océane qui, de temps en temps, s'apaise et laisse croire que les éléments ne sont pas si hostiles qu'on veut bien le dire. Quel que soit le temps, il faut savoir s'arrêter à Audierne-Poulgoazec, puis aux ports formant une « quadrature » incontournable dès qu'il est question de pêche et de marins : Saint-Guénolé, Le Guilvinec (Le Guil pour les connaisseurs), Lesconil et Loctudy. Passé Concarneau, grand port par son histoire et sa position économique, la Bretagne décide d'un coup de s'offrir quelques vacances. Ce n'est pas forcément du farniente, mais une sorte de repos, au sein des avens ouverts de Pont-Aven, merveille à voir avant de mourir, jusqu'au Pouldu, dont Gauguin fut l'un des premiers visiteurs éblouis. Toutes affaires cessantes et même avant, il faut aller, sous la pluie battante que j'ai connue, respirer la Bretagne à Merrien, à Bélon, à Doëlan, dans ce pays dont Benoîte Groult et Paul Guimard ont fait leur havre de bonheur.

Le temps – et il faut le prendre –, de découvrir Groix, pour « sa joie », voici, passé Lorient, le Morbihan, mer « petite » par les dimensions, mais grande par l'intensité émotionnelle qu'elle provoque. Les ports de pêche s'y égrènent, les uns au contact direct avec la mer, les autres repliés dans l'intérieur ou à l'embouchure de rivières, illustration supplémentaire de cette fusion totale entre l'océan, la campagne, les gens de terre et ceux de mer, qui est peut-être l'une des plus belles images de la Bretagne. Et puis, au large, Belle-Île, Houat et Hoedic attendent les amoureux de nature et ceux qui désirent, simplement et avec retenue, découvrir les pêcheurs qui y vivent et dont l'activité prend une dimension supplémentaire dans ce milieu si particulier qu'est une île et qui rapproche les pêcheurs des Tuamotu, de Corse, des Testigos au Venezuela, des Kerkenna en Tunisie, ou de cet archipel disséminé en poussière, dénommé « Philippines ».

Entre Concarneau
et Lorient, la côte est
festonnée de rivières qui
se glissent à l'intérieur
du paysage breton.

Un monde de quiétude,
où la nature est reine, avec,
ici et là, une maison de
granit et quelques canots
assoupis.

Lesconil

À la différence des trois ports voisins, Saint-Guénolé, Le Guilvinec et Loctudy, Lesconil a su garder une activité traditionnellement artisanale. Au milieu du siècle dernier, quelques cultivateurs se sont installés à l'embouchure de la rivière Ster, dans une petite baie protégée par l'îlot de Men Groaz. Là, un abri a été créé pour recevoir un canot de sauvetage.

Tournée vers le maquereau et, surtout, la sardine, la pêche complète peu à peu les récoltes agricoles. Deux conserveries, des « friteries » en breton, sont ouvertes et fonctionnent jusqu'à la grande crise sardinière qui voit Lesconil, comme bien d'autres ports d'Armorique, se reconvertir vers le poisson blanc et les crustacés. C'est dans l'une des deux conserveries qu'éclate, en 1926, la première grève d'ouvrières en France, grève qui conduira au licenciement pur et simple de tout le personnel féminin. Autres temps…

Le port de Lesconil est bordé de maisons de pêcheurs blanches ou colorées séparées par des ruelles pittoresques et agrémentées, ici et là, d'agréables jardinets. Outre une dizaine de canots qui pêchent à la ligne et au filet le bar, le congre le rouget et la sole, la flottille principale est composée d'une vingtaine de « malamoks », robustes chalutiers en bois d'une quinzaine de mètres, dont les couleurs vont du vert au rouge, en passant par le jaune et le bleu.

Ces bateaux, typiques de Cornouaille, partent chaque matin draguer sur la Grande Vasière, dans le golfe de Gascogne. En fin d'après-midi, ils ramènent leurs prises : des merlus, des lottes, des limandes et, surtout, des langoustines, également appelées « demoiselles ». Ces délicieux crustacés vivent dans des terriers, entre quatre-vingts et huit cents mètres de profondeur, sur le plateau continental.

Lesconil s'est taillé une solide réputation de port spécialisé dans cette pêche aux demoiselles. Encore vivantes, les langoustines sont débarquées vers 17 heures et vendues à la halle au poisson construite sur l'emplacement de l'abri du canot de sauvetage. Ici, pas de criée électronique, mais encore le boniment du vendeur qui fait monter ou descendre les enchères dans une ambiance bon enfant.

Les «malamoks»
sont de solides chalutiers
qui, à Lesconil,
pêchent principalement
la langoustine.

À Lesconil, la langoustine est fêtée chaque année au mois d'août. Toute la population se mobilise pour lui rendre hommage : on déguste la demoiselle sous toutes les formes possibles.

Enfin, le souvenir du passé reste ici particulièrement vivace. Un chantier naval s'est récemment ouvert non loin de l'endroit où étaient lancés les malamoks. C'est ainsi que le *Sauveur des petits*, un misainier datant de 1936, a été entièrement restauré et lancé, ajoutant une unité supplémentaire au patrimoine maritime breton.

Ce patrimoine, face aux menaces qui pèsent sur la pêche et à la raréfaction de plus en plus alarmante des jeunes pour le « métier », fait l'objet d'efforts soutenus afin de garder vivante une mémoire qui ne doit jamais disparaître.

Bélon

À un bon mille de son embouchure, après avoir musardé en se rétrécissant au milieu d'un décor champêtre de bois et de taillis, la rivière Bélon s'incurve vers l'est en une courbe harmonieuse où viennent se loger quelques maisons. D'anciennes tables à huître émergent à marée basse, non loin de coffres utilisés par les plaisanciers. Sur la rive sud, bien intégrée à la verdure environnante, une halle aux poissons en bois a été construite, en retrait d'un petit quai. C'est le port de Bélon, un Havre en miniature qui regroupe huit bateaux de pêche de dimensions modestes. Tous travaillent au filet pour des sorties de la journée et fournissent les hôtels et les restaurants de la région. En été, le poisson est vendu l'après-midi à la halle : soles, langoustines et bars.

Le nom de Bélon est d'abord lié à l'huître plate dont on peut dire qu'elle est aujourd'hui l'un des mets les plus recherchés au monde.

La culture de ce coquillage a été implantée ici en 1864, date de la création du premier parc par Auguste de Solminihac, un châtelain local. Aujourd'hui, les ostréiculteurs de Bélon font grossir leurs naissains dans le Morbihan. Ce n'est qu'à l'âge de trois ans que les «plates» sont ramenées dans les parcs installés en amont du port, jusqu'à l'anse Thumette. Dans le mélange des eaux douces et salées, l'huître s'affine et acquiert ce goût de noisette qui la démarque de tous les autres coquillages. En fait, la culture de l'huître remonte à l'antiquité. Lorsque la Gaule était romaine, cette activité avait déjà atteint un haut degré de technicité et Néron, lui-même, en était très friand.

Pour ce pêcheur à la retraite, la fabrication de maquettes est une façon de prolonger la passion de la mer qui l'a animé pendant tant d'années.

En été, le port de Bélon est fréquenté par des plaisanciers français, mais aussi anglais qui savent trouver ici l'un des plus beaux sites de toute la Bretagne.

Doëlan

La ria de Doëlan se glisse à plaisir entre une double rangée d'arbres et de futaies qui surplombent l'eau de quelques mètres. Entièrement découverte à marée basse, elle se prolonge, à un demi-mille de son embouchure, par un petit pont enjambant une étroite rivière qui se perd dans la verdure. Chacune de ses deux rives accueillent de jolies maisons de pierres apparentes ou blanchies.

Rarement un port offre la vision d'une harmonie aussi réussie entre la terre et la mer. Pour tout dire, Doëlan est sans conteste l'un des plus beaux sites de toute la Bretagne. Un quai sur la rive droite, un autre sur la rive gauche, à deux pas d'une auberge, « Le Suroît », où il fait bon déguster une Coreff, l'inimitable bière de Morlaix, en compagnie de quelques pêcheurs. La salle, assez sombre, est accueillante ; une bûche de chêne brûle doucement dans une cheminée de granit. Dehors, il pleut. Délicate à emprunter par mauvais temps, la passe protège néanmoins l'avant-port du coup de chien.

Derrière son charme et sa quiétude, Doëlan possède un riche passé maritime. Déjà actif au XVIIᵉ siècle, ce port bénéficie du « boom » de la sardine, alors très abondante, notamment dans l'anse du Pouldu, peu éloignée. Autour de 1870, trois conserveries sont ouvertes dont celle du Capitaine Cook, située juste au-dessus de l'entrée du port. En 1950, Doëlan figure encore parmi les cinq premiers ports sardiniers de France. Puis, très vite, la reconversion devient nécessaire.

Aujourd'hui, une dizaine de canots débarquent chaque soir leur pêche à la halle aux poissons qui jouxte Le Suroît. À cette flottille s'ajoutent trois chalutiers, comme le *Connemara*, héros de plusieurs

spots publicitaires. Eux aussi sortent en mer à la journée pour rapporter langoustines, soles, bars, vieilles et lieus. En été, Doëlan attire de nombreux touristes, venus goûter la beauté d'une région qui, à la fin du siècle dernier, vit s'installer tout près de là, au Pouldu, plusieurs peintres de l'école de Pont-Aven, dont Paul Gauguin. Presque tous prirent pension à l'auberge de Marie Henry, dite Marie Poupée – aujourd'hui, cette demeure a été transformée en musée.

Pour le promeneur, la découverte des sentiers littoraux reliant Doëlan au Pouldu est un véritable régal, d'une crique sauvage à l'autre, dans l'un des plus beaux sites que puisse offrir la Côte des Avens.

Aujourd'hui, la célèbre conserverie du Captain Cook a été transférée, et Doëlan garde la nostalgie d'une époque révolue depuis peu : en 1950, le port était encore le troisième de France pour la sardine.

De part et d'autre d'une petite ria, les maisons en granit de Doëlan s'étagent dans la verdure.

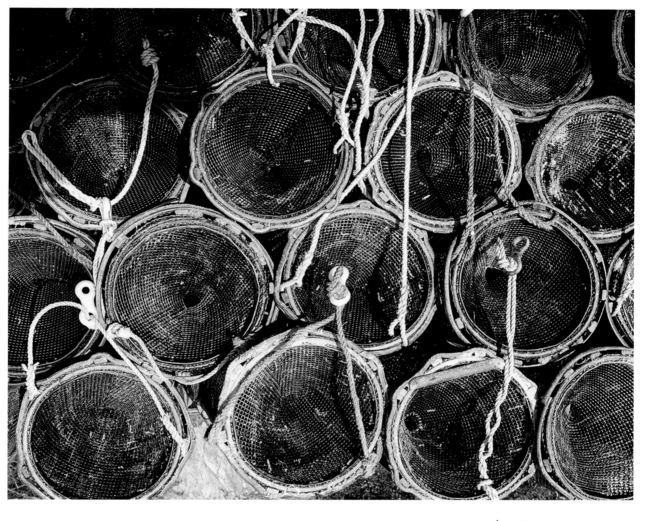

Belle ordonnance géométrique de casiers à crustacés.

À Doëlan, les plus gros bateaux mouillent sur corps mort près de la passe. Par mauvais temps, celle-ci est particulièrement dangereuse.

Groíx

«Nous, Grésillons, on a ça dans le sang ; quand la saison est venue, faut qu'on parte !» Extrait de l'ouvrage *Grandeur des îles* d'Odette de Puigaudeau, ce propos résume toute la saga des dundees de Groix et de leurs périples atlantiques à la poursuite des thons blancs, ou germons, qui en été, croisent au grand large. À Groix, cette pêche a été pendant longtemps une véritable raison de vivre. À Port-Tudy, le clocher de l'église n'est-il surmonté non pas d'un coq, mais d'un thon ? Avant les années trente, près de deux cents dundees, ces magnifiques goélettes de vingt mètres, déployaient leurs ailes de coton passé au tanin. La campagne pouvait durer de trois à huit semaines, et les bateaux faisaient souvent voile jusqu'à la Grande Sole, une zone de l'Atlantique située à cent milles dans le sud-ouest des Sorlingues, sur l'itinéraire New York-Le Havre. Dépourvus de tout système de conservation par le froid, les dundees groisillons embarquaient des conserves, des boules de pain qui rancissaient vite, des pommes de terre, etc., sans oublier l'eau et le vin qui, rapidement prenaient un goût de vieux fût. À bord, la source alimentaire première et incontournable restait le thon frais pêché, accommodé de diverses manières. En «godaille» à la vinaigrette, en soupe, en rata avec des patates, il était de tous les menus et, même, pour le dessert, avec le «camembert». Il s'agissait d'une tranche de thon cru que le mousse salait et poivrait avant de la transformer en galette, contre le plat-bord du bateau. Comme l'écrit Odette du Puigaudeau qui embarqua pour une campagne, à bord d'un dundee groisillon : «Au bout d'une semaine de ce régime, on prie secrètement le père Neptune de garder ces maudits poissons... À la fin de la quinzaine, on est habitué, ayant complètement oublié qu'il existe d'autres nourritures.» Les thons blancs étaient pêchés à l'aide de lignes accrochées à de longs tangons en bois de châtaignier, puis vidés et suspendus à des chevalets, sur le pont, à l'abri du soleil et de l'humidité excessive.

En 1930, une énorme tempête détruisit presque toute la flotte marquant la fin d'une épopée. Aujourd'hui, avec ses presque huit kilomètres de longueur et ses falaises entrecoupées de criques et de plages, Groix est une des îles bretonnes les plus appréciées pour sa beauté. À Port-Tudy, ouvert sur sa côte nord, un bassin à flots accueille quelques plaisanciers et une flottille de pêcheurs. Une poignée d'entre eux travaille encore au thon. Les autres sont de petits fileyeurs et des ligneurs qui, à la belle saison, capturent bars, congres et lieus à l'aide de longs «baos», nom donné aux palangres armées de dizaines d'hameçons. Pour harmoniser leur présent avec un passé encore très vivace, les Groisillons ont largement contribué à l'ouverture en 1984 d'un écomusée qui réunit de nombreux objets usuels du passé, des documents d'époque, une maquette de l'île, des informations économiques, démographiques, culturelles, etc.

Deuxième port de l'île, Port-Lay est ouvert au nord. Il abrite une poignée de petits canots.

LE THON, C'EST BON !

Pour les puristes, voici une recette toute simple à base de thon rouge, que nous a communiquée André Laban, ingénieur, plongeur, peintre des fonds marins et ancien équipier de *La Calypso* de Jacques-Yves Cousteau. Choisir un épais morceau bien rouge sombre et le couper en petits dés de la taille d'un ongle. Puis les disposer dans un plat creux avant de les assaisonner d'huile d'olive et de poivre. Sans apport de citron ou de vinaigre, le poisson reste ainsi parfaitement cru et conserve toute sa saveur. Après une heure au réfrigérateur, ce mets est absolument succulent…

Les chalutiers de Port-Tudy ne rappellent que de loin l'époque où près de deux cents dundees armés au thon s'y pressaient.

À un détour de la rivière d'Auray, en pleine campagne bretonne, le petit port du Bono aligne ses maisons de granit.

Hier encore, l'entrée du port offrait le spectacle des «forbans», ces canots à voile qui pêchaient la sardine et faisaient la réputation du Bono.

Le Bono

Il ne resterait plus qu'un seul pêcheur au Bono, ultime témoin d'un temps passé où les méandres de la rivière d'Auray frémissaient au rythme de la vie du large. Dans les années vingt et trente, le petit port blotti au milieu d'un écrin de collines verdoyantes abritait une flottille de «forbans», ces canots de travail qui pêchaient la sardine, en concurrence avec les sinagots du golfe du Morbihan. Une réplique exacte de ces bateaux, le *Notre-Dame de Becquerel*, est toujours à flots. Aujourd'hui, avec ses maisons pressées autour d'un minuscule quai et son ancien pont en fer dessiné par Gustave Eiffel, le port du Bono constitue un havre de paix seulement troublé en été par l'afflux touristique. Il baigne dans la rivière du même nom, qui se jette, à un demi-mille en aval dans la rivière d'Auray, non loin d'un autre petit port tout aussi charmant : Saint-Goustan.

Quelques bateaux de plaisance occupent le bassin qui assèche entièrement à marée basse. Il n'est pas exagéré de dire que Le Bono est l'un des petits ports les plus pittoresques des côtes françaises.

Difficile de trouver, même en Bretagne, un port dégageant une impression aussi forte de quiétude et de tranquillité.

69

Tout près d'Auray, Saint-
Goustan est un autre de ces
ports minuscules qui font
tout le charme de la
Bretagne Sud. Le soir, ses
quais sont très animés.

Comment ne pas
comprendre que la
Bretagne Sud ait inspiré
tant de peintres et
d'amoureux de la nature ?

71

Érigé sur la digue ouest du port, le phare de Sauzon est sans doute l'un des plus photographiés des côtes de France.

Très fréquenté en été par les plaisanciers, Sauzon offre, il est vrai, l'un des plus jolis mouillages de Bretagne.

Dès que la saison le permet, les pêcheurs de Belle-île arment leurs bateaux au filet et ravitaillent les hôtels et les restaurants locaux.

Sur la face nord de Belle-Île, à quelques roues de vélo de la pointe des Poulains si chère à Sarah Bernardt, Sauzon est considéré comme l'un des plus sûrs mouillages d'échouage de Bretagne. Son fond est fait d'un sable bien dur qui évite toutes les traîtrises habituelles qui surviennent sur les fonds de vase molle. Le port se niche à l'entrée d'une ria longue d'à peine mille mètres, au pied d'un vallon arrondi tout en douceur. Son plan d'eau est bien protégé par deux digues, dont celle d'ouest est surmontée d'un joli phare très prisé des amateurs de photos de vacances. Une petite maison de sauvetage a été construite sur l'autre digue. Comme à

Doëlan, le quai, bordé de maisons blanches, ocre ou grises, suit le bord sinueux de la ria. Le village lui-même se développe en hauteur et domine le port. Au fond de la ria, c'est le domaine des genêts et des ajoncs, tandis qu'aux alentours, s'étendent des champs où paissent des moutons. Récemment, un avant-port en eaux profondes a été aménagé à l'intention des plaisanciers. Ces derniers, de plus en plus nombreux chaque été, font de Sauzon l'une de leurs escales fétiches. Ici, une vingtaine de bateaux de pêche sont armés en ligneur ou en caseyeurs, plus rarement en fileyeurs, lorsque la saison est propice. Ces unités, longues de moins de dix mètres, sortent à la marée et ravitaillent chaque jour les restaurants et les hôtels locaux en bars, lieus jaunes et autres tourteaux. En fait, presque toute leur pêche est vendue sur place. Entre deux marées, les pêcheurs se regroupent côté ouest, au pied du phare et du célèbre hôtel du même nom, l'une des meilleures tables de toute l'île.

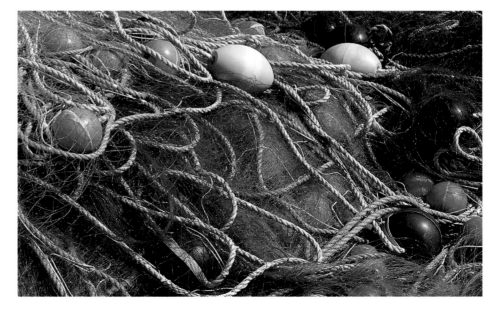

Port Saint-Gildas

À cinq milles au sud-est de la presqu'île de Quiberon et à neuf milles au nord-est de Belle-Île, Houat émerge au milieu d'un véritable dédale de roches et d'îlots, où les courants s'en donnent à cœur joie. En 1850, l'abbé Delalande assurait que Houat signifie en Breton «canard», et son opinion prévaut encore aujourd'hui. Cette île est un petit plateau couvert d'une lande assez austère, où ne pousse aucun arbre, malgré la présence d'une flore très riche : œillets maritimes, lys de mer, églantiers, etc., sans oublier les ronciers, habituels dans ce type de paysage. Le tour de l'île offre des paysages contrastés : falaises de granit à Beg Er Vachif, plages comme celle de Trea'ch Er Gouret, minuscules criques sauvages qui ourlent toute la côte sud-ouest. Ici, ni immeubles, ni villas modernes, ni routes goudronnées. Une dizaine de voiture seulement parcourent sans hâte les chemins bien entretenus, dont «l'autoroute nord» : c'est ainsi que les Houatais appellent un chemin plus large, bordé de petits champs et de maisons blanchies à la chaux, qui traverse l'île d'est en ouest. À Houat, on est pêcheur de père en fils à une majorité étonnante, puisque le «métier» occupe plus de quarante bateaux et presque cent marins, soit plus de la moitié de la population active. En 1951, une terrible tempête dévaste le port d'Er Beg, sur la côte est. Un nouveau port est alors aménagé, bien protégé par une épaisse digue, au pied du bourg de Saint-Gildas et de ses ruelles tranquilles aux maisonnettes décorées de jardinières fleuries.

C'est une tradition : la pêche préférée des Houatais est le crustacé : des araignées de janvier à mai, puis des homards jusqu'au milieu de l'été, et enfin des crabes. Mais, soucieux de toujours préserver leur activité, les îliens ont su habilement se diversifier, ajoutant à cette pêche le filet, apparu en 1989, et le bouquet, cette délicieuse crevette, cuite sur place avant d'être expédiée sur le continent. Les bateaux houatais mesurent au maximum une douzaine de mètres et sortent pour de courtes marées, ramenant à la bonne saison bars et lieus pêchés à la traîne, notamment dans le passage du Béniguet, véritable piège de roches éparses, inaccessible pour qui n'est pas né ici, surtout quand la brume se lève sans crier gare et enveloppe tout : ciel, bateaux et écueils.

Houat, c'est un défi clairement exprimé contre les excès du tourisme. Sur la lande et dans le bourg de Saint-Gildas, les vieilles maisons blanches délaissées sont rachetées par des amoureux soucieux de les restaurer tout en respectant le site et les habitudes d'une communauté de quatre cents personnes farouchement décidée à préserver son cadre de vie… Houat : un bel exemple !

Houat est une des îles de France où la pêche est restée une activité majeure, en dépit d'une conjoncture de plus en plus difficile.

Bien protégé par une solide digue, Port Saint-Gildas n'abrite pas moins d'une quarantaine de bateaux, principalement des caseyeurs. Bon nombre d'entre eux se reconvertissent, à la bonne saison à la pêche au filet et à la ligne de traîne.

Dans le Morbihan, la pêche
au casier, la fameuse
«boîte à crabes»
est pratiquée de manière
active.

Par ce puissant «Pêche arrière» de la Tarballe, la pêche a été visiblement bonne, comme en témoigne l'intérêt que lui portent les goélands...

Petit canot ligneur de Belle-île à marée basse.

LA CÔTE
ATLANTIQUE

Ouvert sur la face sud de l'île d'Yeu, le port de La Meule est une anfractuosité fréquentée par quelques langoustiers qui posent leurs casiers sur la côte Sauvage.

Manœuvrés à partir de cabanes érigées sur de hauts pilotis, les carrelets de l'île Madame constituent un paysage au graphisme saisissant.

Sur le bassin de Marennes, les cabanes des ostréiculteurs ouvrent leurs petites fenêtres, tout près des claires où les huîtres sont affinées.

Passé Le Croisic et l'embouchure de la Loire, les ports de pêche de la Vendée, tels Saint-Gilles-Croix-de-Vie ou Les Sables-d'Olonne, sont séparés les uns des autres par de longues plages, tandis que deux îles, Noirmoutier et Yeu, constituent autant de pôles importants où se développe une activité de pêche diversifiée et héritière d'une longue tradition. Puis, c'est le pays rochelais, royaume ostréicole avec la fameuse « marennes », à deux pas de l'île d'Oléron et du port de la Cotinière, un port très attachant. C'est à Oléron que subsistent, soigneusement entretenues, quelques écluses, ces pièges à poissons faits de murets en pierres disposées selon une ordonnance rigoureuse et dont les paysans de l'île se servaient pour améliorer leur ordinaire.

Dans l'estuaire de la Gironde, des carrelets, ces filets suspendus manœuvrés à partir d'estacades, offrent un spectacle pittoresque. C'est également dans l'estuaire de la Gironde que sont pêchées au printemps les « pibales », anguilles juvéniles capturées depuis le rivage à l'aide de haveneaux, une sorte d'épuisette à mailles très fines.

Il faut ensuite sauter jusqu'à La Teste-de-Buch pour retrouver le spectacle des parcs à huîtres et celui des pinasses, ces barques traditionnelles du bassin d'Arcachon, qui font toujours partie du décor actuel.

Le cordon littoral des Landes conduit en ligne droite vers un autre temps fort du périple des ports de pêche avec le pays basque et, principalement, Saint-Jean-de-Luz, dont la tradition halieutique se perd dans les âges et compte de purs moments de bravoure, comme la grande époque de la baleine, qui fit des marins basques des navigateurs hors pair.

81

L'Herbaudière

Marais salants, champs de «bonottes» (ces petites pommes de terre écloses dans le sable et fertilisées au goémon), végétation «méditerranéenne» d'oliviers, de chênes verts et de mimosas, vieux moulins qui semblent faire la révérence au château où le général vendéen Gigost d'Elbée, cloué dans son fauteuil, fut fusillé par les Bleus : bonjour Noirmoutier. La douceur du climat et des paysages s'y conjuguent avec une histoire forte, passionnelle, faite de combats, d'invasions, d'exploits de corsaires, mais dont, plus pacifiquement, les gens du «métier» ont écrit quelques pages d'encre fortes.

Au nord-ouest de l'île, tout près du lieu-dit «La conche aux Normands», L'Herbaudière était voici un demi-siècle l'un des plus actifs ports sardiniers de France. Pas moins de cinq usines de conserve étaient ouvertes employant des Noirmoutrines, mais aussi de la main-d'œuvre féminine venue pour l'occasion du continent : de Vendée et même des confins de la Bretagne. Puis, air connu, la sardine a cessé d'être rentable. Les pêcheurs de L'Herbaudière se sont dès lors reconvertis en caseyeurs, comme en témoignent encore les rangées de «boîtes à crabes» bien alignées sur le quai du bassin de pêche. Celui-ci abrite aujourd'hui environ soixante-dix bateaux, en majorité des six à douze mètres, avec quelques unités de vingt mètres, dont un seul chalutier. La plupart des autres travaillent désormais au filet fixe à la marée en baie de Bourgneuf pour la sole et la seiche et plus au large, toujours pour la sole, en sortie de cinq à huit jours. Plus petits, d'autres bateaux traînent au bar ou ramènent d'énormes congres pris à la ligne morte. Lorsque toute cette flotte est au port, elle offre un véritable tableau polychrome où se mêlent les rouges, les verts, les bleus et les jaunes.

Côté ouest, une criée moderne accueille les prises du jour, près d'un vivier à crustacés. Un peu plus loin, sur le même quai, une coopérative maritime fort bien achalandée accueille le visiteur avec courtoisie. Puis, tout autour, c'est un éventail de maisons colorées où alternent les bars, les restaurants et les boutiques de souvenirs. À côté même du port de pêche, un second bassin en eau profonde a été aménagé pour les plaisanciers, ajoutant en été à L'Herbaudière une bruyante et sympathique animation.

Tout autour de L'Herbaudière, Noirmoutier est une île qui mérite mieux qu'une simple visite. Il faut s'en imprégner, comme le firent de nombreux peintres, anonymes ou renommés tel Jean Renoir.

Normoutier : le port de L'Herbaudière est remarquable à la grande diversité des couleurs de ses bateaux de pêche.

À Noirmoutier, les bateaux pourrissant dans les vasières contrastent avec le musée de la Construction navale ouvert à Noirmoutier-en-l'Île.

L'ostréiculture est une activité dynamique dans la baie de Bourgneuf, comme en témoignent les nombreuses cabanes qui égayent le paysage vendéen.

Port-Joinville

« Mais j'avais un métier magnifique, que j'aimais profondément. Et malgré le chagrin de quitter les miens à chaque départ, c'était toujours avec une joyeuse impatience que je repartais sur la mer. » C'est ainsi que Paul Groisard, ancien pêcheur islais, évoque dans ses mémoires sa vie passée sur les dundees qui pêchaient le thon blanc au départ de Port-Joinville.

Ouvert sur la face nord-est de l'île d'Yeu, ce port avait autrefois pour nom Port-Breton. Son appellation actuelle remonte à 1846 et vient du fils de Louis-Philippe, l'amiral de Joinville, qui se passionna pour l'île. C'est aussi le plus ancien port germonier, bien avant Groix ou Concarneau, puisque la pêche au thon y a commencé au début du XVIIe siècle. Voici une centaine d'années, une flotte impressionnante de dundees partaient chaque année à la belle saison, avec leurs mâts en bois d'Oregon et leurs voiles de coton teintes à l'ocre rouge, au cachou ou au bleu à filets. Parallèlement, tout autour de l'île travaillaient les « plates », ces barquettes typiques d'Yeu, qui étaient armées au filet ou au casier.

Aujourd'hui, les conditions de pêche ont bien changé, mais le dynamisme reste, bien que la technique de pêche au thon à l'aide de filets maillants dérivants soit à terme remise en cause par Bruxelles. Longs de vingt ou trente mètres, les bateaux partent de mai à septembre traquer le germon entre le Portugal et les Açores en début de saison, puis dans le golfe de Gascogne et jusqu'au sud-ouest de l'Irlande.

Les Ogiens (habitants de l'île d'Yeu) travaillent, en fonction de la saison, au chalut, au filet, à la palangre et au casier. Cette activité très diversifiée vise d'abord

De nuit et par temps calme, Port-Joinville prend des allures de marine italienne, un soir d'été.

84

L'entrée du port, gardée par son inamovible feu vert.

les espèces nobles : rougets, bars, soles et merlus. Avec sa criée et le mouvement incessant qui anime ses quais, Port-Joinville fait preuve d'un dynamisme étonnant. Plus de la moitié de la population active de l'île se consacre d'ailleurs à la pêche et à ses métiers dérivés.

Le port et les ruelles de Port-Joinville ont, par ailleurs, su garder un caractère authentique, avec les alignements de maisons basses et blanches, aux toits de tuiles «canal». Le petit bassin de plaisance en eau profonde, fort bien équipé, a des dimensions qui ne laissent place à aucun doute : ici c'est bien la pêche qui prédomine !

Il est cependant fréquent que Port-Joinville accueille des rassemblements de plaisanciers et, notamment des régates. Il en résulte, sur les quais, une ambiance chaleureuse, tant sur le pont des bateaux que dans la foule des spectateurs qui se pressent pour apercevoir l'une de ces merveilles qui filent sur l'eau.

85

Saint-Martin-de-Ré :
coucher de soleil sur le
phare .

Cabanes d'ostréiculteurs à
Boyardville sur l'île
d'Oléron.

Si autrefois le port de
Saint-Martin-de-Ré
commerçait avec le Canada
et les Antilles, il n'abrite
plus aujourd'hui qu'une
poignée de bateaux de
pêche et, en été, des
plaisanciers en escale.

La Cotinière

La Cotinière est le seul port de pêche ouvert à l'ouest des îles du Ponant, face aux assauts atlantiques. Passé le pont qui enjambe le pertuis de Maumusson et relie Oléron au continent, la route qui serpente en pleine nature, entre champs, bosquets et massifs de fleurs, est à elle seule un enchantement. Le plaisir se prolonge en arrivant à La Cotinière qui ouvre ses deux bassins, l'ancien et le nouveau, et dont le chenal d'accès est protégé par une jetée surmontée d'un phare blanc. Ce passage est considéré comme l'un des plus délicats de tous les ports de pêche français. Tout autour des bassins, ce sont des ruelles animées en été, des bars, des restaurants et, surtout, le « Marché de Victorine ». À cet endroit du port, habitait dans une ancienne cabane de bois une vieille Oléronaise, Victorine, fille, femme et mère de marin. Après sa mort, un petit marché au poisson fut édifié, tout en boiserie de bleus différents. Aujourd'hui, on peut y trouver tous les jours, vers 16 heures, des dizaines d'espèces : seiches, soles, crevettes, congres, bars, sans oublier les céteaux. Cette variété de poisson plat, quoique très ressemblante, n'est aucunement apparentée à la sole. Un point commun, pourtant : le goût, car le céteau a une chair fine et savoureuse. La Cotinière fournit à elle seule la moitié de la production nationale de ce poisson, dont la répartition géographique est limitée d'Arcachon aux Sables-d'Olonne.

Le port lui-même n'est vieux que d'un siècle et demi. Auparavant, des paysans de l'île se transformaient volontiers en pêcheurs à pieds occasionnels en construisant des « écluses » : de longs murs aux pierres savamment entassées en arc de cercle, qui, à marée descendante, retenaient poissons, mollusques et crustacés. Une hotte en osier sur le dos, un crochet à la main, ces premiers pêcheurs faisaient leur récolte, puis rentraient, trempés jusqu'à la taille, à la marée montante. Plus de cent écluses fonctionnaient ainsi. Il n'en reste plus qu'une dizaine, protégées avec soin de la dégradation. Puis, au fil des ans, les paysans se transforment en pêcheurs embarqués, munis de filets, tandis que La Cotinière commence à prendre lentement son visage actuel. C'est la grande époque de la sardine. Une quarantaine de barques pontées et propulsées à la voile traquent le poisson bleu qui est ensuite ramené jusqu'à une usine édifiée sur le port même. L'établissement travaille pendant un demi-siècle avec, certains jours, des pêches de plus de dix mille sardines ! Fermée au lendemain de la Seconde Guerre mondiale, la conserverie est toujours debout.

Aujourd'hui, le port, l'un des plus actifs de France, abrite une centaine de bateaux. Les plus petits pratiquent le filet, le chalut ou le casier, selon la saison et rapportent en marées de six heures des céteaux, des seiches, des crevettes et des congres. D'une longueur comprise entre quatorze et dix-sept mètres, les plus grands se consacrent à la pêche côtière, avec des marées de trois jours. Ils prennent du merlu, de la langoustine, du bar et de l'encornet…, soit plus de cent espèces de poissons.

Une centaine de bateaux travaillent à La Cotinière, seul port de pêche des îles du Ponant ouvert à l'ouest.

Les plus grands bateaux pratiquent la pêche côtière, avec des marées de trois jours.

La sole fait partie des cent espèces de poissons pêchés à La Cotinière.

LA CHAUDRAIE OLÉRONAISE

À bord des chalutiers qui partaient pour de longues marées, il était d'usage de prendre une grosse marmite et d'y faire chauffer un généreux court-bouillon à base de vin blanc, d'ail et de blancs de seiche. Puis, on y jetait anguilles, petites raies, plies et vives qui cuisaient tranquillement, tandis que le bateau taillait sa route. Lorsque les poissons étaient presque prêts, on y ajoutait quelques céteaux, dont la chair délicate se cuit beaucoup plus vite. Facile à réaliser, cette recette, appelée «chaudraie oléronaise», est absolument délicieuse. Elle nous a été livrée par Dominique Watrin, patron du restaurant «La Chaloupe», situé sur le port même.

Le Chapus

Intégré à la commune de Bourcefranc, ce petit port baigne, tout près de Marennes, dans les eaux limoneuses du pertuis Maubusson. Dans un petit plan d'eau en eau profonde, vingt ou trente bateaux et barges ostréicoles côtoient une poignée de bateaux traditionnels aux noms évocateurs ou émouvants, comme le sont si souvent les noms des navires de pêche : *Le Bounty, L'Enfant des flots, Le Vent des îles, Le Redoutable*. En arrière, les traditionnelles cabanes des ostréiculteurs forment sur le rivage un patchwork de couleurs adoucies par cette limpidité de l'air si caractéristique au pays charentais, lorsque vient le soir. À un quart de mille du port, un fort est solidement implanté, bravant les courants parfois démentiels du Pertuis. C'est le fort du Chapus, ou fort Louvois, construit au XVIIᵉ siècle, avec son épaisse tour ronde et ses remparts encore intacts, élégant prolongement des fortifications îliennes dont la région rochelaise est truffée : fort Boyard, île d'Aix…

Quelques kilomètres au sud du Chapus, au bout d'une petite route longeant un canal, se trouve, encore plus petit, le port de la Cayenne, avec ses bateaux armés pour la pêche à la pibale, ou anguilles juvéniles, que d'aucuns nomment encore civelles.

Sur l'île d'Aix, le café «L'Océan» est un des plus fréquentés des plaisanciers et des pêcheurs.

Malgré ses dimensions
restreintes, le port
du Chapus abrite une
véritable flottille
de chalutiers auxquels
se joignent plusieurs
barges ostréicoles.

La Teste

Longue, très longue histoire que celle du port de La Teste-de-Buch, niché au fond du bassin d'Arcachon. Au siècle dernier, La Teste comprenait un autre lieu-dit appelé Arcachon, précisément. En 1843, la portion de bassin reliant La Teste à Arcachon est endiguée. Puis, le port de La Teste est peu à peu aménagé, notamment avec le creusement de canaux. Jusqu'alors, la seule activité ostréicole est le ramassage des huîtres plates sauvages, les «gravettes» du bassin. Mais en 1850, un simple maçon met au point le système de la tuile chaulée : des tuiles de gironde sont enduites d'une composition liquide faite de chaux neutralisée et de sable. Lorsqu'elles sont séchées, ces tuiles sont immergées en tas. Quelque temps plus tard, elles sont recouvertes, des deux côtés, de milliers de naissains d'huîtres qu'il suffit de détacher avec un couteau spécial, puis de faire grandir en parcs. Cette technique efficace est aujourd'hui encore pratiquée. En 1885, La Teste est devenue un important port ostréicole. Le long des canaux, se construisent de petites cabanes de bois, il y en aura plus de deux cent cinquante en 1920. Pour travailler, les ostréiculteurs disposent de la pinasse : un bateau à bouchains et à fond plat, construit en pin et remarquable à son étrave relevée. Au début du siècle, plus de dix chantiers navals, implantés autour des canaux, construisent des pinasses, dont les bordés sont d'abord entièrement chevillés en bois, puis, à partir de 1903, cloués. La propulsion est assurée à l'aviron, ou avec un gréement aurique qui ajoute une touche esthétique à ces coques déjà élégantes.

Aujourd'hui, La Teste est un port ostréicole actif. Une bonne centaine de cabanes sont encore occupées et plusieurs d'entre elles vendent directement leur production aux visiteurs. Quoique remplacées en général par des barges à moteur, les pinasses à flot sont encore nombreuses, jalousement entretenues par des plaisanciers, des pêcheurs amateurs, ou des professionnels qui capturent au filet les rougets et les mulets du bassin. Le chantier naval Raba en construit encore avec le savoir-faire ancestral. Il règne dans ce chantier cette ambiance inimitable : les senteurs multiples, les bruits des outils, des monceaux de copeaux sur lesquels il fait bon marcher, les gestes des charpentiers, les carènes qui sont en train de prendre forme, ici encore à l'état d'ébauche, là presque achevées.

Le long des canaux, de nombreuses cabanes d'ostréiculteurs sont encore debout.

Dans l'estuaire de la Gironde, les «pibalous» pêchent les pibales, ces minuscules anguilles juvéniles qui constituent un mets de choix.

À La Teste, plusieurs pinasses sont encore à flot, témoins d'une tradition de construction navale florissante au début du siècle.

Saint-Jean-de-Luz

L'anchois fait partie des espèces traditionnellement pêchées au Pays-Basque.

Les Basques ont-ils découvert l'Amérique avant Christophe Colomb ? Bien avant que le Génois ou le Corse (tout dépend des sources) ne pose le pied sur une caravelle, ils traquaient la baleine du côté de Terre-Neuve et implantaient des comptoirs : l'île aux Basques, Portuchoa, Ourougnousse. C'est dans ces régions perdues et froides qu'ils découvrent ensuite la morue et inscrivent un nouveau chapitre à leur saga maritime. Depuis longtemps déjà, Saint-Jean-de-Luz occupe le devant de la scène. En 1578, le port arme pas moins de cent baleiniers et morutiers, autant de coureurs du large qui vont, cependant, disparaître peu à peu, notamment après la Révolution. Vient ensuite l'époque de la sardine et de l'anchois. Période faste où Saint-Jean-de-Luz arme presque cent bateaux, des lantxas et des traineras équipées du nouveau filet portugais, la sarda, qui fait un malheur ! Puis, au début du siècle, l'avènement de la pêche au peita, l'appât vivant, propulse le thon en avant. Aujourd'hui, quelque cinquante bateaux travaillent à Saint-Jean-de-Luz et une dizaine à Hendaye.

Ce sont soit des pélagiques qui travaillent le thon, avec les mêmes craintes «européennes» que leurs confrères de l'île d'Yeu, soit des bateaux moins grands, armés au filet, au casier ou à la ligne. Tous sont héritiers d'une tradition séculaire.

Même si les baleines ont disparu, l'orgueil des pêcheurs basques, lui, demeure !

La pêche a été bonne et les anchois sont débarqués du Dragon, l'une des principales unités de Saint-Jean-de-Luz.

Les filets modernes succèdent aujourd'hui à la «sarda», le légendaire filet portugais.

Chez les Basques, la pêche est une tradition multiséculaire. D'abord pêcheurs de baleines et de morues, ils sont, au fil des ans, devenus les «champions» du poisson bleu : sardine, anchois et thon. Entre Biarritz et Hendaye, l'activité halieutique est aujourd'hui bien diversifiée, avec, notamment, des petits ligneurs côtiers.

Faite de fleurs séchées, cette croix basque décore une «crampote» locale.

Comme dans tous les ports
de pêche, ici et là, de
vieilles barques tirent
encore sur leurs amarres,
en souvenir du temps
où les senteurs de leur bois
se mêlaient à celles
du poisson.

ROUSSILLON
ET LANGUEDOC

Quand l'étal de poisson
frais est déjà un voyage en
mer...

À Collioure, sous
l'impulsion de quelques
passionnés, plusieurs
catalanes du début du
siècle naviguent encore.

Entre Port-Vendres et Sète, Gruissan possède quelques petits fileyeurs, remarquables à l'imposante roue trônant sur leur étrave.

'est une constante : autour des côtes françaises, la pêche, depuis la nuit des temps, fait partie de la vie, tant pour en tirer subsistance que pour découvrir un monde nouveau, hostile ou accueillant selon l'humeur du vent, mais toujours attirant… Cette force magnétique qui incite un jour l'homme à naviguer, pagaie ou écoute à la main, on la retrouve, très simplement, chez les plaisanciers actuels. Les populations méditerranéennes n'ont pas échappé à cette règle, en adaptant leurs besoins nutritionnels et leurs aspirations divines imprécises, à une mer qui, bien que bleue, ne leur tendait les bras que certains jours. Bel exemple que celui des Catalans, ce peuple qui, dès l'aube du Moyen Âge exerçait son influence en Méditerranée, avec marchands, conquérants ou pêcheurs de corail rouge. Cultivés, marins entreprenants, les Catalans ont toujours voué une passion absolue pour la mer, aussi bien par vocation que par nécessité. À Banyuls, Albert Sagols, un vieil érudit, lui-même petit-fils de patron-pêcheur, ne dit-il pas : « La mer est source d'évasion et sœur de la terre pour la survivance quotidienne. » Déjà, en 1397, de grosses barques pontées partent de la Côte vermeille chargée d'anchois et de sardines salés à destination de Gênes et du royaume des Deux-Siciles. Puis, à la fin du siècle dernier, c'est l'âge d'or des catalanes, ces barques très élégantes que les charpentiers construi-

saient à ciel ouvert sur les plages de Banyuls, Collioure ou d'Argelès, en moins de trois mois. Aujourd'hui, le souvenir des catalanes est perpétué, tandis que Port-Vendres exploite une flottille de gros chalutiers, dont beaucoup travaillaient de l'autre côté de la Méditerranée avant l'indépendance de l'Algérie. Sur l'immense croissant de sable du Languedoc, mis à part Saint-Cyprien, les deux ports de pêche actifs sont Sète, au pied du mont Saint-Clair si cher à Brassens et Le Grau-du-Roi, aux allures de canal vénitien situé à deux pas de la Camargue. N'oublions pas les ports conchylicoles de l'étang de Thau : Marseillan, Mèze et Bouzigues, qui produisent les fameuses huîtres dites « Côte bleue », au goût prononcé et iodé.

Bien que fabriqués dans les matériaux imputrescibles, les filets modernes demandent eux aussi un entretien permanent.

Banyuls-sur-Mer

Sur la Côte vermeille, entre Port-Vendres et Cerbère, on raconte volontiers que dans l'antiquité, Vénus vint un beau matin s'étendre sur la plage de la baie de Banyuls, laissant son empreinte sur le sable. De fait, d'anciennes photos prises avant la construction du remblai qui jouxte le port de plaisance, montrent que cette baie était faite de deux anses dans lesquelles les uns voient la trace des seins de la belle déesse, les autres celle de son prestigieux postérieur. Derrière cette légende, apparaît une réalité : de par sa position naturelle et la protection qu'elle offre contre les vents dominants, la baie de Banyuls a toujours été un abri très apprécié sur la route d'Espagne, avant d'affronter le cap Creus ou pour se reposer des éventuels dommages commis lors de son passage. Au cours du Moyen Âge, les Catalans se révèlent d'habiles pêcheurs, rompus à la manœuvre du « bou » : deux solides barques avancent en parallèle et tirent une sorte de chalut dont la poche est régulièrement remontée. À la fin du siècle dernier, Banyuls est une bourgade de plus en plus florissante qui occupe tout l'arc de cercle de la baie. Sur la grève règne une activité intense, autour de barques élancées, aux lignes très pures et dont la taille standard est de « quarante-deux pans » (soit dix mètres cinquante) : les catalanes. Dotés d'une voile latine montée sur une longue antenne, ces bateaux sont utilisés pour pêcher le poisson bleu au filet déri-

vant, appelé sardinal pour la sardine, et anxove pour l'anchois. Chaque sortie dure une journée et demie, et le retour donne lieu à une véritable régate pour rejoindre la plage de Banyuls où attendent les femmes des pêcheurs, les enfant et les acheteurs, dans une véritable ambiance de fête, de cris et d'odeurs, tandis que les catalanes sont tirées à terre, avec leurs coques aux couleurs vives encore couvertes de paillettes de sel et d'écailles translucides. Au début du siècle, la petite communauté banyulenc armait près de cent catalanes. Entre les deux guerres, l'apparition du moteur porte un premier coup décisif à ces purs voiliers qui, peu à peu, commencent à disparaître. Dans les années soixante, Port-Vendres accueille des dizaines de gros chalutiers armés par des rapatriés d'Algérie venus, par la force du destin, exercer leur savoir-faire dans le golfe du Lion. L'année 1965 sonne le glas des catalanes ; quelques-unes sont d'ailleurs brûlées sur une plage trois ans plus tard. Une page de l'histoire de la pêche en Roussillon est définitivement tournée.

Aujourd'hui, cinq bateaux de pêche travaillent à Banyuls, dans le petit port aménagé au pied du labo-

Bien visibles au large, une balise marque l'entrée de la baie de Banyuls.

Moins de dix barques sont encore en activité à Banyuls. Où sont les dizaines de catalanes qui, voici un siècle, faisaient vivre le village tout entier ?

ratoire Arago, haut lieu de recherche scientifique où, au début du siècle, l'ingénieur Louis Boutan réalisa les toutes premières photos sous-marines. L'un d'entre eux est armé au palangre et capture congres, chapons et sars. Les quatre autres posent leurs filets dans un rayon maximal de cinq milles autour de Banyuls, mais jamais en eaux espagnoles. Leurs prises sont principalement des rougets, des daurades et des langoustes, suivant la saison, ainsi que les poissons de la soupe et de la bouillabaisse destinées aux restaurateurs locaux, sans oublier les poulpes qui entrent dans la composition des « tapas », ces amuse-gueules apéritifs dont on se régale le soir venu et qui, invariablement, invitent à boire encore. Et côté apéritifs, la région de Banyuls n'est pas en reste…

L'« ALL CREMAT » CATALAN

Le poisson entre pour une large part dans la cuisine catalane. Avec, les pêcheurs cuisinent leurs prises d'une manière délicieuse. Dans un pot en terre, ils font roussir, jusqu'à presque brûler, de l'huile d'olive, du saindoux, du sel, du piment rouge et de l'ail finement haché. Puis ils délayent un peu de farine dans cette sauce, avant de la mouiller d'eau et d'y placer des morceaux de congre, des petits loups, des rascasses et des vives, bref les poissons de la bouillabaisse. Tout en parlant des pêches à venir et de celles du passé, ils couvrent le pot et laissent bouillir à grand feu, sans oublier de vérifier, à l'aide d'une longue cuillère de bois, l'avancement de la cuisson. Ils servent les poissons et leur jus sur de larges tranches de pain grillé frotté d'ail cru. Quel plaisir ! Cette recette est communiquée par le restaurant « La Littorine » de l'hôtel « Les Elmes », à Banyuls.

Port-Vendres

Entre Collioure et Banyuls-sur-mer, l'excellent abri naturel offert par la crique de Port-Vendres était déjà connu des Romains. Sur la route de l'Ibérie, avant d'affronter le cap Creus ou de longer les sables du Languedoc, les *oneraria* et autres *corbita* de l'empire venaient relâcher à «Portus Veneris», comme en attestent plusieurs épaves retrouvées

sur la zone et qui font l'objet de fouilles archéologiques, à deux pas des quais. Au Moyen Âge et jusqu'au siècle dernier, Port-Vendres est une escale importante pour les bâtiments catalans, napolitains ou génois, venus ici faire commerce ou se protéger des corsaires minorquins et ibizencos. Aujourd'hui, le port joue la triple carte de la plaisance, du commerce et de la pêche. Cette dernière activité regroupe d'une part une flottille de chalutiers qui vont traquer le pélagique et la sardine dans le golfe du Lion et d'autre part des petits métiers, dont l'aire de travail couvre tout le littoral s'étendant de Port-Leucate à Cerbère. Leurs prises : daurades, loups, sars et mulets, plus tous les poissons de bouillabaisse et de soupe. Une criée importante peut être visitée, dans l'anse Gerbal, avant de flâner sur le quai bordé de bistrots et de restaurants, puis de découvrir, depuis les hauteurs du cap Béar, le panorama de la côte catalane française.

À Port-Vendres, la petite pêche et le chalutage du large cohabitent volontiers.

La crique de Port-Vendres offre depuis l'antiquité un excellent abri naturel.

Collioure

À Collioure, comme à Banyuls, les catalanes étaient construites sur la plage même, à ciel ouvert.

Tout comme Banyuls, Collioure possède une riche histoire maritime, particulièrement à l'âge d'or des catalanes. À la fin du siècle dernier, pas moins de cent vingt barques étaient armées à la sardine et, surtout, à l'anchois. À Collioure même, la salaison des anchois est devenue une activité importante. Aujourd'hui, trois entreprises sont encore ouvertes : Roque, Desclaut et Ferrer, qui traitent le poisson selon la méthode traditionnelle, avec salage à la main. Il ne reste aujourd'hui plus de pêcheur en activité à Collioure, le dernier a pris sa retraite voici moins de deux ans. Il paraît pourtant difficile de passer sous silence ce petit port. En souvenir de son passé, d'une part. En raison de l'effort déployé ici pour maintenir à flot quelques catalanes, survivances d'un passé prestigieux, d'autre part. C'est un Colliourenc, Clovis Aloujes, qui est à l'origine de ce mouvement qui a permis de sauver, puis de refaire naviguer des catalanes aux noms évocateurs : *Le Charlemagne*, le *Libre Penseur* ou le *Jean-Jacques Rousseau*. Il n'est pas rare de voir ainsi plusieurs voiles sortir du port et tirer des bords *a bruta* ou *a bona*, selon que l'antenne est appuyée sur le mât au vent ou sous le vent.

Depuis peu, chaque port du Roussillon possède sa propre barque à rame, unité restaurée avec amour ou réplique exacte des anciennes barques de pêche qui travaillaient au filet non loin du bord. Régulièrement, des manifestations sont organisées, au cours desquelles ces barques viennent faire revivre, pour le plaisir d'une foule nombreuse, un peu du passé maritime catalan.

Restaurées avec amour, ces catalanes font preuve de qualités marines étonnantes. Grâce à ceux qui les ont sauvées des flammes, c'est tout un art de naviguer qui nous est transmis.

Un entrelacs de ruelles borde la petite plage de Collioure.

Les catalanes ne pêchent plus, mais, à Collioure, le traitement des anchois reste une tradition vivace.

Ici, les anchois sont toujours vidés et salés à la main, avec des gestes multiséculaires.

Collioure a toujours attiré les amoureux de nature et les peintres. Les poètes aussi, comme l'Espagnol Machado, venu ici mourir lors de la guerre d'Espagne.

Le Grau-du-Roi

En occitan, un grau est une brèche plus ou moins longue, ouverte sur le cordon littoral, qui relie la mer à une lagune. Au XVIᵉ siècle, tout près d'Aigues-Mortes, une crue du Rhône forma un grau, un de plus, à l'embouchure duquel une petite bourgade de pêcheurs s'installa. Dans cette région de plages, un grau offre un abri précieux aux bateaux qui trouvent avec ce canal naturel un bon abri contre les coups de chien qui, au fil du temps, ne cessent de modifier le tracé des côtes camarguaises.

Au XVIIIᵉ siècle, le Grau connu sous l'appellation «du Roi» est élargi et donne accès, vers l'intérieur, à un chenal permettant aux bateaux de faible tirant d'eau de remonter jusqu'à Aigues-Mortes. Aujourd'hui, l'agglomération du Grau-du-Roi jouxte l'immense marina de Port-Camargue. Original et pittoresque, ce port aux allures vénitiennes est le plus grand port de plaisance d'Europe. Ses ruelles s'entrecroisent de part et d'autre du canal, bordée de chaque côté d'un quai très animé.

Amarrés le long des quais ou dans un avant-port aménagé près de la criée, les bateaux de pêche sont en majorité des chalutiers qui travaillent au large, dans le golfe du Lion et prennent soles, merlans, mollusques et loups, en fonction de la saison. Les «petits métiers» ne sont pas pour autant absents et apportent leur part du tonnage total annuel qui fait du Grau-du-Roi l'un des ports les plus actifs de la

Méditerranée française. Mais là aussi, le passé vient caresser le présent de sa nostalgie. Auparavant, Le Grau-du-Roi était un port réputé pour ses coups de seinche au thon. La seinche est un assemblage de filets mobiles que les pêcheurs disposent autour des bancs de poissons repérés, au large ou près de la côte. Ce véritable piège mouvant est manœuvré par des dizaines de barques.

Des Italiens émigrés au Grau-du-Roi ont appris aux gens du cru à capturer dans les seinches ces énormes masses tout en puissance que sont les thons rouges. Ces derniers passent désormais plus au large, pas très loin, mais suffisamment pour que les seinches soient, après tant d'années de fièvre au retour des bateaux, inscrites au registre du passé. En outre, l'importance des bancs a, elle aussi, sensiblement diminué.

Tout comme Sète, Le Grau-du-Roi possède une importante flottille de chalutiers.

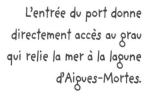

L'entrée du port donne directement accès au grau qui relie la mer à la lagune d'Aigues-Mortes.

En Camargue et dans le Languedoc, la présence dans les ports d'oiseaux, parfois de grande taille, est habituelle.

Ici, la plupart des pêcheurs partent au petit jour et rentrent le soir, après avoir effectué plusieurs traits de chalut dans le golfe du Lion.

112

Construites depuis le début
du siècle par des
charpentiers italiens
émigrés en Provence,
les barquettes sont
indissociables
du paysage provençal.

Pêché au filet fixe,
le rouget est un des
poissons nobles
de la Méditerranée.

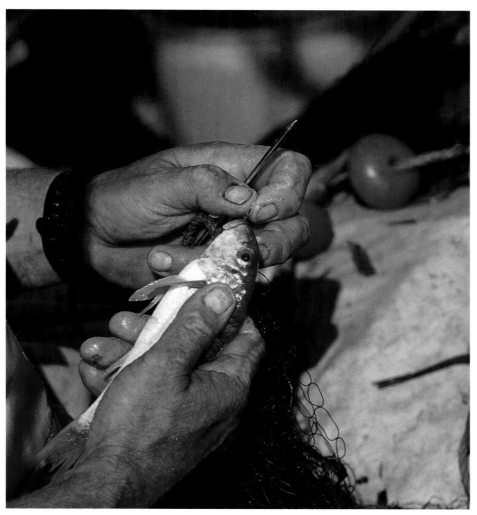

Entre Marseille et Saint-Tropez, passé les Martigues et les petits canaux qui en font toute la beauté, la Provence est elle aussi héritière d'une longue tradition de pêche remontant à la plus haute antiquité. Six cents ans avant notre ère, il est plus que probable que la galère de Protis, découvrant la calanque du Lacydon, contenait dans quelque coffre lignes, hameçons et filets fixes, dont les Grecs, puis les Romains, se servaient pour capturer le poisson, mais aussi pour récolter les branches de corail rouge. En marge du Vieux-Port et de son marché aux poissons situé sur le quai des Belges, Marseille possède plusieurs petits ports de pêche. Dans les calanques, seule Morgiou abrite une poignée de bateaux armés au petit métier. Puis, c'est Cassis et La Ciotat, où plaisance, tourisme et pêche professionnelle tentent de cohabiter, difficilement parfois. Beaucoup plus que Bandol et Sanary, Le Brusc a réussi à maintenir une réelle activité de pêche. Autour de Toulon, citons le petit port de La Madrague de Giens, installé tout à l'extrémité de la presqu'île du même nom, face aux îles d'Hyères. Après des siècles d'histoire mouvementée et de combats permanents pour leur possession, Porquerolles et Port-Cros sont parvenus à conserver, si minime soit-elle, une activité de pêche qui sied bien à leur site naturel exceptionnel – le mot n'est pas trop fort. Puis, vers l'est, c'est Saint-Tropez et ses derniers pêcheurs, en butte à un tourisme estival démentiel et au grondement des bateaux rapides qui font tanguer les drapeaux de leurs filets calés au petit matin dans le golfe.

117

Martigues

Avec ses petits canaux bordés de maisons colorées, Martigues est un des plus jolis ports de Provence. Depuis très longtemps, l'activité de pêche qui s'y développe est tournée tant vers le golfe de Fos que vers l'étang de Berre. Hélas, ravagé, le mot n'est pas trop fort, par la pollution industrielle, ce dernier n'est plus ce qu'il était voici à peine un demi-siècle. Aujourd'hui, Martigues regroupe deux chalutiers, quatre bateaux armés pour le thon au large et une dizaine de petits métiers travaillant dans l'étang, pour y capturer au filet mulets et anguilles.

Une activité décroissante régulièrement, ce que ne contredira pas Amédée, ancien pêcheur qui, à 70 ans, promène sa nostalgie sur les quais martégaux. Une pêche traditionnelle reste toutefois : celle du calun. Pratiquée en famille, elle consiste à tende un filet au milieu du canal de Caronte qui relie le port à la mer ouverte. Abaissé et remonté au moyen d'un treuil archaïque, ce filet capture les mulets qui donnent la poutargue, faite avec les œufs des femelles mis à sécher et pressés. Un mets succulent que d'aucuns n'hésitent pas à appeler le « caviar provençal ».

Avec ses canaux, ses ponts et ses maisons colorées, Martigues est un des plus jolis ports de la Méditerranée française.

Pendant des siècles, l'étang de Berre a été une manne pour les pêcheurs martégaux.

Carro

Au nord du golfe de Marseille, la Côte bleue aligne en bon ordre cinq petits ports d'est en ouest : La Vesse, Niolon, Carry-le-Rouet, Sausset-les-Pins et Carro. Situé juste avant le golfe de Martigues, ce dernier est un joli village regroupé autour d'un bassin aux dimensions modestes, qui s'anime dès que les bateaux reviennent et qu'une bonne partie des prises est vendue sur le quai, dans une atmosphère haute en couleurs. Jusque dans les années cinquante, Carro était spécialisé, comme Le Grau-du-Roi, dans la pêche à la seinche, afin d'intercepter non seulement les bancs de thons rouges quand leur itinéraire leur faisait encore longer le littoral, mais aussi les énormes concentrations de loups auxquelles les pêcheurs étaient alors habitués en hiver. Une seinche, c'était d'abord une fête, celle des hommes et des poissons, un rite issu du fond des âges et qui demandait adresse et sang-froid pour ne pas voir, au terme d'une manœuvre malheureuse, le banc s'esquiver, laissant vide ou presque l'immense poche de filets destinée à retenir les prises, comme un vaste piège mobile patiemment tendu en pleine eau. Si la seinche fait partie des souvenirs, une vingtaine de bateaux n'en continuent pas moins de travailler à Carro.

Au début, ils étaient presque tous armés pour pêcher le merlan au large. Mais, plus récemment, une partie d'entre eux s'est reconvertie au thon, capturé à l'aide de filets maillants dérivant au large de Toulon, de Fréjus ou, en hiver, de Sète. Une autre partie de la flottille de Carro se consacre à la pêche côtière au filet droit ou au trémail, appelé ici thys, pour rapporter des soles, des rougets ou de la bouillabaisse.

Enfin, totalement intégrés aux autres pêcheurs, deux bateaux sont dévolus à la récolte des oursins, en plongée au cours des mois d'hiver, et un troisième est utilisé par une équipe de plongeurs au corail rouge, inscrits maritimes, bien sûr. L'un de ces deux corailleurs est d'ailleurs une femme, Jessica Caron.

Tout près de Carro, une zone maritime protégée a été créée en 1996, afin de repeupler des eaux de la Côte bleue. Si cet espace a vu le jour, c'est grâce aux pêcheurs de Carro qui ont d'emblée adhérer au projet !

Ici, une bonne partie des bateaux travaillent au filet droit et au filet maillant appelé «thys»

Carro est un des plus
dynamiques petits ports
de pêche de toute
la région marseillaise.

Les plus gros chalutiers
sont mouillés sur des corps
morts et les pêcheurs
doivent manier l'aviron
pour les atteindre.

MT 299469

MAMY BLUE

Le Vallon des Auffes

Au cœur de Marseille, le Vallon des Auffes a gardé tout son cachet, mais aussi une réelle activité, avec une vingtaine de barquettes armées au petit métier : filet fixe et palangre.

Imaginez au centre de Marseille, tout près de la plage trop fréquentée en été des Catalans, à deux pas des bars et des restaurants les plus courus de la ville, une minuscule calanque bordée de quais, enchâssée dans le paysage comme dans un écrin de calcaire, au milieu des immeubles de la Corniche. C'est le Vallon des Auffes… On le rallie par une étroite ruelle en pente, avant d'être confronté au problème principal : où garer son véhicule ? Devant la pizzeria ou aux abords du célèbre restaurant « Chez Fonfon », fréquenté par une pléiade de stars du show business, du sport…

C'est en 1747 que le Vallon des Auffes prend son appellation définitive. Les cordages des bateaux étaient alors fabriqués avec une plante dont le nom provençal était *aufo*. Tout comme l'osier, cette fibre végétale devait être longuement immergée pour être plus facilement travaillée. Et c'est précisément dans ce vallon que les maîtres auffiers effectuaient ce travail de trempage. Depuis des siècles, le Vallon a toujours été un port de pêche très apprécié, tant par sa position stratégique, à deux pas des îles du Frioul et des meilleurs coins de pêche du golfe, que par la bonne protection qu'il offre contre presque tous les vents. Au tournant du siècle, le port, qui n'était encore qu'un abri naturel aménagé, comptait plusieurs dizaines de bettes, ces barques marseillaises construites à bouchains, plus quelques unités plus grandes : « moure de pouar » ou catalanes. De cette flottille, il reste une vingtaine de barquettes aux couleurs vives qui sont armées pour le petit métier, ou qui, pour plusieurs d'entre elles, servent au plaisir et au farniente de leur pêcheur amateur de propriétaire : le « pescadou » marseillais.

C'est ici qu'autrefois l'on trempait les fibres « d'aufo », une plante locale, pour en faire les cordages du gréement des bateaux.

Protégé par une épaisse digue contre les coups de mistral, le port de La Madrague-de-Montredon est l'un des plus authentiques de Provence. Ici, le poisson est vendu sur place dès l'arrivée des bateaux.

La Madrague-de-Montredon

Au sud du golfe de Marseille, entre la pointe Rouge et la petite route côtière menant au port des Goudes, une colline, le mont Rose, surplombe un tout petit port aménagé vers le début du siècle dans la calanque de Montredon.

Depuis très longtemps, des pêcheurs venaient se reposer dans cet abri naturel, y débarquer leur poisson, effectuer quelque réparation, suite à un bon coup de mistral. De lourdes tartanes y déchargeaient également leur cargaison : des futailles de vin de Provence, acheminées ensuite jusqu'à Marseille par carrioles et chevaux.

À quelques encablures de la calanque, était mis en place à la fin du printemps, un réseau de hauts filets, solidement ancrés sur le fond. Habilement disposés, ces filets conduisaient les bancs de thons dans une série de « chambres », elles aussi en solides mailles, jusqu'à la « chambre de la mort » : le banc emprisonné était alors capturé après un véritable combat aux allures de fête barbare, au milieu des cris et du sang des poissons. Tout ce système fixe, donc différent de la seinche, est appelé madrague, d'où le nom donné au petit port actuel, même si depuis longtemps les thons ont disparu.

Sur les cartes anciennes, La Madrague-de-Montredon est encore indiquée, de même que celle de Gignac, de l'autre côté du golfe ou celle des Lecques, près de La Ciotat. Protégé par une digue récemment renforcée, le port de Montredon abrite une demi-douzaine de barquettes qui travaillent au filet de roche ou à merlans, du côté de l'archipel de Riou et jusqu'aux alentours du phare de Planier, à plus de dix milles de là. Un seul bateau plus important : le fileyeur de Serge Vanni qui sort pour des marées plus longues pour poser ses filets jusqu'au large de Port-de-Bouc. Enfin, survivance de la grande époque de La Madrague, deux ou trois de ces bateaux pêchent encore le thon rouge en été, à l'aide de robustes cannes et de moulinets. Les prises de cent kilos et plus ne sont pas rares et ne manquent pas d'animer le petit port.

Réparation du filet sous la tonnelle de vigne vierge. Le cadre et les gestes demeurent inchangés depuis des siècles.

La longueur des barquettes
varie de quatre à dix
mètres. Très marins, ces
bateaux font face
aux courtes vagues de la

Méditerranée. Hier encore,
les chantiers étaient
nombreux, comme celui de
Michele Ruoppolo ou de
Michel Gay.

À Marseille, comme partout
en France, la pêche
est affaire de tradition et
de messages, apportés
par les anciens
qui se souviennent...

La calanque de Morgiou est utilisée comme port de pêche depuis l'antiquité. Tout près de là dort la célèbre grotte «Cosquer», avec ses dessins datant du paléolithique.

À La Ciotat, si les chantiers navals ont fermé leurs portes, la pêche a su maintenir une certaine activité.

Les calanques de Marseille étaient déjà connues pour leur stupéfiante beauté. Mais, leur réputation fit le tour du monde, lorsque le plongeur, Henri Cosquer, découvrit une grotte ornée de fresques datant de plus de vingt mille ans.

À cette époque, le niveau de la mer était à plusieurs kilomètres de là et les bisons laineux vivaient à l'endroit où Roger Silvestri et son fils calent aujourd'hui leurs filets, au pied des falaises blanches du cap Devenson ou du cap Morgiou, extrémité sud de la calanque du même nom. Au fond de celle-ci, un quai protège un petit port avec, en arrière, quelques cabanons et un restaurant où il fait bon se rafraîchir au plus chaud de la journée. Roger Silvestri et son fils font partie des pêcheurs – trois bateaux en tout – qui vivent à Morgiou et pêchent au filet de fond, à la palangre et au filet de poste, déployé en surface et accroché à terre, sur le passage des daurades royales. Au début du siècle, Morgiou était réputé pour ses filets de poste à thons, à bonites et à maquereaux. Mais la disparition des migrations côtières du poisson bleu et le trafic des bateaux de plaisance qui longent les calanques en été, ont relégué cette technique

de pêche au rang de souvenir. Roger Silvestri tient lui-même avec son épouse une poissonnerie à Marseille, dans le quartier de Mazargues. Les produits de la pêche familiale y sont vendus dans un climat de bonne humeur et de détente. Pour la famille Silvestri, habiter à Morgiou fait partie d'un art de vivre privilégié. Et l'on se plaît, le soir venu, à imaginer quelque petite barque romaine ou gauloise abordant la grève. Les pêcheurs en débarquent, préparent un feu, tandis que, dans un couffin d'osier, des poissons rutilants attendent. Et tout autour, Morgiou s'endort... C'est au printemps et en automne qu'il faut découvrir ce minuscule port et, si possible à pied. Les calanques de Marseille sont un véritable paradis pour randonneurs pédestres.

L'ANCHOIS DEVIENT « ROYAL »

Les meilleures recettes de poissons viennent des pêcheurs eux-mêmes. Au fil du temps, ils se transmettent les façons, toujours très simples, d'accommoder leurs prises entre deux rochers, sur une plage ou au fond d'un bateau. Du côté de Marseille, on apprécie les anchois. Prendre un kilo d'anchois bien frais. Ôter la tête et l'arête centrale de chaque poisson. Ces filets sont séchés sur du papier absorbant. Dans une poêle, on fait chauffer de l'huile d'olive. Puis, les filets d'anchois sont mis à cuire, moins de trois minutes de chaque côté. Juste avant de servir, on assaisonne d'ail écrasé et de persil, sans oublier de saler et poivrer à convenance. Avec une salade du jardin, ces anchois sont un authentique délice.

Cassis

Entre les falaises du cap Canaille et la calanque de Port-Miou, Cassis est l'un des hauts lieux du tourisme en Provence. C'est aussi un petit port de pêche qui illustre bien les difficultés rencontrées en de nombreux endroits par le métier. La pêche y est une activité séculaire... Sous la Révolution, la prud'homie de Cassis fut créée, établissant l'indépendance du port vis-à-vis de la toute-puissante prud'homie de Marseille. Voici presque un demi-siècle, au moins cinquante bateaux étaient en activité. C'était à Cassis la grande période de la sardine qui occupait plus de cent pêcheurs, chiffre important pour une population ne dépassant pas les deux mille habitants. Mais brusquement, la sardine cessa d'être rentable. En 1974, le dernier lamparo encore en fonction interrompit ses sorties nocturnes, définitivement. L'année suivante, la commune de Cassis ne comptait plus que vingt-cinq patrons-pêcheurs... Un déclin progressif, inexorable, malgré les efforts déployés envers les petits métiers : filets de fonds, trémails, filets de poste et palangres. Aujourd'hui, seulement six bateaux conservent une activité. L'un d'entre eux appartient à un plongeur qui récolte du corail en été et des oursins en hiver. Deux autres unités travaillent toute l'année, dans un rayon allant du phare de la Cassidaine à l'est, à la calanque de Morgiou à l'ouest, et rapportent du poisson de soupe et de bouillabaisse. Les trois derniers bateaux sont utilisés par des pêcheurs à la retraite qui, le temps d'une sortie par beau temps vers la pointe Cacao ou les falaises de Castel-Vieil, perpétuent le souvenir d'un port naguère dynamique et dont la reconversion dans le tourisme est une réalité avec laquelle les derniers gens de mer doivent compter.

Face au flot touristique et à l'armada des bateaux de promenade, les pêcheurs cassidains sont les ultimes descendants d'une activité hier florissante.

Bien protégé du mistral, Cassis doit faire face, en hiver, aux terribles coups de «labbé» du sud-ouest.

Avec sa roue à filet et sa petite cabine-abri, ce «pointu» sanaryen est l'archétype du bateau de pêche provençal.

À cinq kilomètres de Bandol, Sanary sait encore se préserver du tourisme de masse, avec ses ruelles étroites, son ancien chantier naval des Baux et son quai où les amateurs de poissons ont rendez-vous. Le matin, les éventails sont recouverts de rascasses, de sars, de rougets, de baudroies et de mulets pêchés par la poignée de bateaux encore en activité dans ce petit port provençal. Les familles Bérenger, Bernard et Pilato appartiennent à ces « clans » de pêcheurs qui maintiennent un savoir-faire ici fort ancien. Leur territoire : la baie de Sanary et du Brusc, les hauteurs du « Baou rouge », la pointe de la Cride.

Bon an, mal an, ils s'accrochent, soucieux de préserver leur métier. À l'indépendance de l'Algérie, des pêcheurs qui avaient vécu sous le soleil nord-africain, sont venus se joindre à eux. Sanary est sans conteste, l'un des plus attachants ports de pêche du Var.

Contrairement à d'autres petits ports tournés vers la plaisance, Sanary a su garder une activité de pêche non négligeable.

LA LÉGENDE DES MOUSQUEMERS

Juste avant la fin de la Seconde Guerre mondiale, naquit la légende des « Mousquemers ».

En 1943, avec leur scaphandre autonome, deux officiers de marine, Philippe Tailliez et Jacques-Yves Cousteau s'immergent dans l'espace sous-marin. Un troisième homme les accompagne : Frédéric Dumas, ou « Didi », qui habite à Sanary, près de la plage de Port-Issol.

Leur aventure les amène bientôt à réaliser les premiers films sous-marins, à assister les plongées du bathyscaphe FNRS 2, à jeter les bases de l'archéologie sous-marine en plongée, ainsi que les premiers jalons de la plongée moderne.

À Sanary, patrie de « Didi », un musée a été installé dans une tour médiévale au pied même du port ; évidemment, il est consacré à l'épopée des « Mousquemers », photos, équipements d'époque, etc., à l'appui… Une émouvante rétrospective sur l'une des plus belles pages tournées par l'homme sous la mer.

Le Brusc

Dans le Var, l'archipel des Embiez et le port du Brusc sont séparés par une assez grande lagune qui communique avec le large par un étroit passage ouvert entre l'île du Gaou et les Embiez. Un monde à part où dorment de vielles barques, des canots aux couleurs dévorées par le soleil, où les oiseaux savent qu'ils trouveront toujours nourriture à leur portée, dans les petits fonds tapissés de posidonie ou de vase. Le Brusc, à lui seul, vaut le détour.

Rattaché à la commune des Six-Fours, ce port tout en longueur dégage, sous les rayons du soleil estival, une impression de bien-être qui contraste avec la frénésie qui s'empare en été de bien d'autres ports de la côte varoise.

Le Brusc compte une douzaine de barques, les unes mouillant dans le port même, les autres dans le minuscule avant-port aménagé entre le Gaou et la terre. Tous pêchent au filet et à la palangre, font « la bouille » ou la soupe, et remontent des fonds du large, en direction du cap Sicié, quelques langoustes et de beaux merlans.

Revenons à la lagune. C'est là que Roland Féraud, patron issu d'une vieille famille de pêcheurs, organise avec son complice Daniel et quelques amis, pêcheurs ou non, une à deux seinches par an. Les filets sont soigneusement mouillés en un vaste arc de cercle qui obture le passage du Gaou. Ensuites, les hommes, marchant le corp à demi immergé dans les eaux lagunaires, les ramènent progressivement en poche jusqu'à une plage, en les tractant à la main.

Le final est pour le moins spectaculaire : des dizaines de loups, de daurades et de sars sont ramassés sur la plage. Les poissons sont aussitôt triés, mis dans des cagettes et acheminés vers les différents acheteurs.

Roland est satisfait : cette fois-ci, la seinche a été généreuse.

Demain, il ira tirer, avec son fils, les centaines de mètres de ses filets calés au large des Embiez ou vers le cap Sicié. Mais, tout en actionnant le vire-filet, il pensera déjà à la prochaine seinche. Dans six mois, dans un an...

Sur le pont de cette vieille barque bruscaine, dort une nasse à langoustes.

Appelée «Moure de Pouar»,
l'étrave des barquettes
est caractéristique d'une très
ancienne tradition navale
de Provence.

Le minuscule port du Niel
est ouvert à l'extrémité
de la presqu'île de Giens,
tout près d'Hyères.

Porquerolles

Aux îles d'Hyères, la mer baigne dans l'histoire, et l'histoire plonge ses reflets dans la mer. Quel passé mouvementé que celui de Porquerolles ! Tour à tour, barbaresques, soldats de François Ier, maçons de Richelieu, canonniers de Napoléon et autres galériens, ont contribué, en suant sang et eau, à enrichir le vécu porquerollais.

C'est à deux pas de la place d'Armes que Sam amarre chaque soir son bateau : une jolie barque rouge por-

tant encore mât et voile. Sam travaille au filet et à la palangre dans la grande passe qui sépare Porquerolles de Port-Cros.

En été, mis à part lui, quelques barques de la rade d'Hyères font à Porquerolles des escales prolongées, bénéficiant de ce point de départ privilégié vers les fonds du Grand Sarranier, du cap des Mèdes ou du Grand Langoustier. Puis, l'automne arrive. Les visiteurs s'en vont, et Porquerolles trouve alors son véritable

rythme, celui d'une île où les essences du jardin bota-
nique sont soigneusement entretenues, où les oiseaux
migrateurs se reposent, où les oliviers du mas de la
Courtine commencent à s'alourdir, où les vignes sont
arrivées à maturité. Sam, quant à lui, repart en mer.
Tout est en ordre... À la pointe ouest de l'île, le fort du
Langoustier continue de monter la garde, offrant, à la
fin du jour, le spectacle d'un ouvrage militaire totalement intégré à son environnement.

Bien que très fréquentée en été, Porquerolles a su préserver sa végétation aux essences multiples, son petit village provençal, ses criques ourlées de bleu et... ses derniers pêcheurs.

Port-Cros

Créé en 1963, le Parc national marin de Port-Cros englobe l'île de Port-Cros elle-même, ainsi que sa voisine l'île de Bagaud et l'îlot de la Gabinière. La réglementation y est simple : seule la chasse sous-marine est interdite dans les eaux du parc. La pêche professionnelle, filet et palangre, y est en revanche tolérée. Au fil des ans, on aurait pu penser que les bateaux de pêches des ports environnants allaient converger vers ce secteur dont la productivité ne pouvait que s'améliorer. Or, aujourd'hui, il n'en est rien. Si certains bateaux viennent à la belle saison caler dans les eaux du Parc, il ne reste à demeure sur Port-Cros qu'un seul bateau, armé par Jean-Claude Ferri, lui-même fils et petit-fils de pêcheurs installés sur l'île à l'année. Dans ses filets fixes, la soupe et la bouillabaisse ravitaillent les restaurants du quai, au pied du fort du Moulin, et ceux du continent. Mais il le sait bien : lorsqu'à son tour, il rangera définitivement ses filets, il est presque certain que plus personne ne prendra la relève. Une page de plus de l'histoire de la pêche en Provence sera alors tournée.

Protégée par le fort du Moulin, la petite rade de Port-Cros retrouve, hors saison, une tranquillité bien méritée. Jean-Claude Ferri, lui, continue de caler ses filets...

Saint-Tropez

En marge du Saint-Tropez estival et de son cortège de stars, de foules, d'embouteillages et de débordements en tous genres, il existe un Saint-Tropez infiniment plus authentique, celui qui vit de septembre à mai, avec ses mimosas en fleurs, ses vendanges dans les champs de vigne du cap, sa sérénité retrouvée... et ses pêcheurs qui depuis longtemps ont attaché leur image à celle de l'un des plus beaux ports de Méditerranée.

Ici, les gens de mer livrent un combat quotidien pour la survie de leur métier. Récession économique oblige, leur nombre est passé de cinquante patrons en 1960 à sept aujourd'hui.

Le phénomène touristique, qui frappe chaque été la ville du bailli de Suffren, pose un problème majeur aux « pointus », nom donné dans le Var à la barquette. En été, de Port-Grimaud à la balise de la Moutte, le golfe est sillonné du matin au soir par des motoryachts, des dinghies rapides et autres vedettes de luxe : le plan d'eau se transforme alors en un véritable chaudron au milieu duquel les pêcheurs tentent de se frayer un passage. L'un d'eux, André Raggio déclare même : « En été, il y a tellement de bateaux en mer que j'ai l'impression de pêcher sur une autoroute. » Pourtant, les gestes du passé sont

encore bien là. Tout au fond du port, le quai Mistral a encore échappé aux yachts rutilants et accueille les dernières barques, à deux pas du « banc des mensonges », sur lequel les vieux pêcheurs aiment s'asseoir en fin de journée, le temps de refaire le monde marin, qui n'est plus tout à fait le leur. Juste en arrière des tours rondes qui rappellent le passé corsaire de Saint-Tropez et la menace du barbaresque, la petite anse de la Ponche est bordée d'un vieux quai.

Le matin, deux ou trois des pointus accostent ici et proposent sur place le produit de leur pêche : daurades, saint-pierre, sars, rougets, etc. Le reste de la pêche est vendu sur les étals des ruelles calmes et ombragées de l'arrière-port. En entendant le verbe haut de la poissonnière si caractéristique de la Méditerranée, on se dit qu'à Saint-Tropez, la pêche fait encore de la résistance. Mais, pour combien de temps encore ?

Dans le coin du port réservé
aux pêcheurs, quelques pointus
ont été regréés, avec
la traditionnelle voile latine.

En été, face aux armadas
de voiliers et de
bateaux rapides de toutes
dimensions, les pêcheurs
de Saint-Tropez
éprouvent de réelles
difficultés à poursuivre
leur travail.

141

CORSE

En Corse, les «marines» (ici Centuri) sont de minuscules ports-abris qui permettaient autrefois aux villages des hauteurs de rompre leur isolement.

144

Le cimetière de Bonifacio
domine les «Bouches»,
l'un des endroits
les plus ventés de toute
la Méditerranée.

Véritable montagne plongeant dans la Méditerranée, la Corse compte près de mille kilomètres de côtes. Pourtant, sa population, constituée de montagnards et de paysans, ne s'est pas, au fil de son histoire, tournée vers la mer. Le large, c'est d'abord le danger, avec les voiles barbaresques que les tours de guet érigées pendant la période génoise doivent repérer pour avertir les villages des hauteurs de la menace imminente. L'intérieur, c'est l'activité pastorale, l'exploitation du châtaignier, la petite culture et, surtout, la sécurité. D'ailleurs, jusqu'à une date assez récente, les hommes héritaient des terres des hauteurs, et les femmes n'avaient droit qu'à celles du littoral, qui avaient beaucoup moins de valeur – tout au moins à l'époque… Ne disait-on pas naguère *Che tu vaga in mare* : «Va donc à la mer… ou au diable !» La pêche est pourtant une activité fort ancienne sur l'île de Beauté. Cinq cents ans avant notre ère, les Grecs d'Asie mineure s'implantent sur la côte orientale, où ils pêchent poissons et mollusques. Sous la période romaine, diverses espèces pélagiques, des thons et des sardines principalement, mais aussi benthiques, comme les rougets, les dentis ou les murènes, sont très prisées. Au Moyen Âge, alors que la Corse est génoise, la pêche du corail rouge prédomine largement. Dans le cap Corse, à Ajaccio ou à Bonifacio, des dizaines de «corallines» utilisent la croix de Saint-André : un lourd assemblage fait de deux gros morceaux de bois reliés en croix, lestés de pierre et garnis de lambeaux de filet. À l'extrémité d'un cordage appelé «fune», cet engin est remorqué sur le fond et les filets accrochent les branches de corail, jusqu'à des profondeurs pouvant dépasser cent mètres. Utilisé en bijouterie ou comme monnaie d'échange, le corail a alors une très grande valeur marchande. La pêche à la croix durera jusqu'au siècle dernier, avant que les plongeurs actuels ne prennent la relève des marins qui actionnaient le lourd engin au prix d'efforts quasi inhumains.

Vers 1870, la pêche commence à s'organiser autour de l'île et débouche sur un commerce florissant, tant pour le marché local que pour l'exportation. Aujourd'hui, elle a gardé un aspect très artisanal, loin des innovations techniques adoptées dans de nombreux ports du continent. Sur la côte ouest, rocheuse et dont l'étroitesse du plateau continental constitue un handicap certain, elle regroupe essentiellement des bateaux de petite et moyenne dimensions, travaillant aux petits métiers et visant les espèces côtières nobles : daurades, dentis, sars, chapons, sans oublier les crustacés, araignées, homards et, surtout, langoustes. Les engins n'ont guère évolué : trémails, lignes, palangres, filets à poste et nasses. Entre La Giraglia et Bonifacio, plusieurs petits ports s'échelonnent, implantés dans des abris naturels connus et fréquentés depuis l'antiquité. Ces abris, appelés «marine», étaient chacun le débouché sur la mer d'un village isolé dans les hauteurs. Sur la côte est, rectiligne et sablonneuse, le plateau continental s'éloigne beaucoup plus au large, vers l'Italie. C'est le domaine des chalutiers, une vingtaine en tout, intégrés aux quelque deux cent vingt bateaux de pêche en activité tout autour de l'île. Restée marginale, la pêche en Corse se heurte aujourd'hui au problème de la raréfaction des prises, ce qui conduit à l'adoption de certaines mesures, comme l'interdiction du chalutage sur la côte ouest et le développement de l'aquaculture.

Centuri

Situé à l'extrémité de la côte ouest du cap Corse, le minuscule port de Centuri est considéré comme l'un des plus beaux de la Méditerranée occidentale. Mentionné déjà au IIe siècle, par le Grec Ptolémée dans sa *Géographie*, il devient un port marchand très fréquenté. Au milieu du XVe siècle, il s'ouvre à la pêche : corail rouge, mais aussi thon et poisson benthique. Les exportations vers le continent deviennent florissantes, jusqu'à l'apparition de la conserve, à la fin du siècle dernier, qui porte un coup fatal aux pêcheurs de Centuri, dont la production est traditionnellement conditionnée par salage en barriques. Blottie au pied des hauteurs du cap, juste en dessous du village de Cannelle, la « marine » de Centuri est défendue par une tour génoise presque entièrement détruite. Elle dispose de deux bassins, un extérieur pour les plus grands bateaux et les voiliers de passage, et un intérieur entouré de maisons aux crépis ocre ou

blanc et aux toitures de serpentine verte. Une douzaine de bateaux trouvent ici un abri relatif contre les coups de mistral. Outre la pêche au filet, ils se consacrent presque tous à la langouste, capturée au filet ou dans de grandes nasses fabriquées en myrte, un bois très souple et résistant bien à l'eau de mer. Les crustacés sont vendus soit directement aux visiteurs, soit aux restaurants de la marine et des villages voisins.

LES PENNE À LA LANGOUSTE

Gérard Perquy fait partie de ces inconditionnels de la Corse, qui y vivent pleinement, et depuis longtemps. Fin gourmet, il fait bouillir dans une grande casserole des langoustes, avec sel, poivre et aromates. La cuisson achevée, il retire les crustacés qui sont mis à refroidir. La chair de leur queue est alors retirée, puis coupée en petits cubes qui sont mélangés à un peu d'huile d'olive. Pendant ce temps, l'eau de cuisson des langoustes lui sert à cuire des spaghetti, des *penne rigate*, ou ces grosses pâtes en forme d'escargot que les Italiens appellent *lumaconi*. Lorsque les pâtes sont *al dente* (seule une vérification fréquente en fin de cuisson permet d'obtenir un bon résultat), il les sert nappées de la sauce à la langouste. Les plus fines gueules pourront en profiter pour décortiquer patiemment l'intérieur des carapaces et des pattes où il y encore de quoi se régaler.

À Centuri, les pêcheurs,
comme Bruno Strina,
consacrent en été
l'essentiel de leur activité
à la pêche à la langouste.

Le port de Centuri
est considéré comme l'un
des plus jolis de la
Méditerranée occidentale,
au pied des hauteurs
du cap Corse.

C'est au printemps
et en automne qu'il faut
venir arpenter les
vieux quais, dans une
quiétude retrouvée.

La marine de Porto est
dominée par l'une
des rares tours génoises
de section carrée du
littoral corse.

Porto

Le port a été aménagé dans une petite anse protégée par un cordon de plage, en avant d'un bois d'eucalyptus odorants.

Tout au fond de l'un des plus beaux golfes de Méditerranée, bordée par une forêt d'eucalyptus, la rivière Porto et son hameau débouchent sur un éperon de granit rose sur lequel a été construite une tour génoise carrée. À gauche de cette tour, un étroit passage donne accès à un petit plan d'eau protégé par une plage de galets. C'est là que viennent s'abriter une dizaine de barques armées pour la pêche au filet et à la palangre. Quelques-unes d'entre elles vont en été mouiller à Girolata, bien que Porto reste leur port d'attache. Leur rayon d'action couvre tout le golfe, vers l'ouest le long des calanques de Piana et jusqu'au

capo Rosso, et vers le nord jusqu'à la pointe Muchillina, limite sud de la réserve de Scandola. Les captures comprennent principalement des langoustes, des dentis, des daurades, des mérous et des chapons. Tous ces poissons sont le plus souvent revendus aux restaurateurs locaux, notamment en été, lorsque Porto connaît une grande affluence touristique. Il n'est pas exagéré de dire que le site maritimes de Porto, avec ses roches rouges qui tranchent sur le bleu roi de la mer, est un des plus beaux d'Europe, à deux pas d'un autre joyau de la Corse : l'anse de Girolata.

149

Cargèse

Entre la baie de Chiuni et le golfe de Sagone, le village de Cargèse affiche ses maisons au sommet d'une colline, ainsi que, bien visibles, son église latine et son église orthodoxe qui se font face.

Au bas d'une petite route en lacets, une minuscule « marine » protégée par une solide jetée, abrite quelques barques dont les filets sont calés entre le capo Rosso et Sagone. En été, des bateaux de plaisance à faible tirant d'eau se joignent aux pêcheurs, ou poussent jusqu'à Sagone. À Cargèse, comme sur toute la côte ouest de Corse, les pêcheurs ne disposent que d'un étroit plateau continental pour caler leurs filets et leurs nasses à langoustes. Ce handicap explique l'interdiction du chalutage côtier entre l'îlot de La Giraglia et Bonifacio. Le chalutage est en revanche autorisé sur la côte orientale.

Les pêcheurs savent y trouver un plan d'eau plus spacieux et assez sûr, à deux pas de l'épave de la *Girafe*, une flûte de Napoléon coulée au combat par les Anglais en 1811, et dont les vestiges parsèment les étendues de posidonies.

Visibles d'assez loin au large, les deux églises de Cargèse dominent une minuscule marine qui n'offre qu'un abri relatif contre les coups de mistral et de libeccio, ce vent de sud-ouest qui peut se lever en quelques instants.

Ajaccio

À la fin du XVIᵉ siècle, les Génois établissent au fond du golfe d'Ajaccio une colonie protégée par des fortifications. En 1554, après la prise de la ville par Sampiero Corso, les Français renforcent ce dispositif en édifiant une puissante citadelle. Très vite, la place forte est entourée de ruelles, notamment celles du Borgo, le quartier où s'installent des familles ligures et corses de corailleurs et de pêcheurs de thon.

À la fin du siècle dernier, la pêche ajaccienne est très diversifiée : sennes « a reta » tirées sur la plage, petits chaluts, filets droits, lignes, etc. Entre les deux guerres, un net déclin de l'activité commence à se manifester.

En 1925, le quartier d'Ajaccio recensait deux cents barques. Il en reste aujourd'hui moins de cinquante, réunies dans le port Tino-Rossi, le vieux port de la ville, aménagé au pied même de la citadelle. Cet endroit est plein de charme et de couleurs : le quai est bordé de terrasses de cafés où il fait bon s'arrêter, quand le soleil décline, pour écouter les pêcheurs parler de leur vie, de leur métier.

Ici, les bateaux sortent rarement plus d'une journée. Ils calent leurs filets du côté des Sanguinaires ou vers le sud, en direction de la Castagna et du Capo di Muro. Les prises, constituées de poisson de roche de qualité supérieure et de langoustes, sont vendues aux restaurants de la ville ou, chaque matin, au petit marché au poisson, sur le port. Le plus souvent, c'est l'épouse, la sœur ou la mère du pêcheur qui se charge de cette tâche.

Sur les plages ajacciennes, une poignée de nostalgiques pratique encore en été la pêche « a reta » : un filet est mouillé au large et, une fois refermé en poche, tiré à bras d'hommes sur le rivage.

À la veille du troisième millénaire, quelques hommes perpétuent encore des gestes du passé, de cette époque où les ruelles du Borgo retentissaient des cris des familles des pêcheurs, tandis que ces derniers préparaient leur barque sur la grève pour la calée du soir... Comment ne pas souligner, enfin, l'activité de plusieurs corailleurs, ces plongeurs qui, dans le golfe et bien au-delà, perpétuent, avec des techniques modernes, une pêche séculaire à Ajaccio : la récolte du corail rouge. Pour eux, des plongées à cent mètres et plus de profondeur ne sont pas rares.

À Ajaccio, les bateaux sortent généralement pour la journée.

Sitôt démaillé, le poisson est vendu dans une halle, sur le port, au milieu d'un marché coloré.

Bastia

Réservé aux pêcheurs, le vieux port de Bastia, anciennement appelé Porto Cardo, est aménagé dans une anse connue des navigateurs depuis l'antiquité, située entre les étangs de la plaine orientale et les premières hauteurs du cap Corse. Au fil des siècles, un village de pêcheur, Terra Vecchia, se développe au creux de cet abri naturel. Dominé par les deux tours campaniles et le fronton de l'église Saint-Jean-Baptiste, le bassin est aujourd'hui entouré de maisons ordonnées en amphithéâtre et reconstruites dans leur style d'origine, après les dommages causés par les combats de la Seconde Guerre mondiale. Tout autour, c'est un dédale d'escaliers, de passages couverts de ruelles : rue du Colle, rue de l'Huile, rue des Mulets... Une trentaine de bateaux occupent cette marine, barques armées aux petits métiers, filet droit, trémail ou palangre, et chalutiers de dix à douze mètres travaillant sur les fonds plats et vaseux du littoral oriental de Corse, du côté de l'île d'Elbe. Et quand sur les hauteurs dominant la ville, apparaît « l'os de seiche », les pêcheurs bastiais savent que ce nuage annonce l'arrivée du *libeccio*, ce vent du sud-ouest qui peut se lever brutalement.

L'entrée du vieux port de Bastia, qui, autrefois, s'appelait «Porto Cardo».

154

En haut à gauche,
le pavillon corse flotte,
témoin d'un réel
attachement des pêcheurs
insulaires pour la mer.

C'est le matin tôt, ou le
soir, quand le soleil bascule
derrière les hauteurs
du Teghime, qu'il faut venir
flâner sur le vieux port de
Bastia, le temps de
s'imprégner d'une atmosphère
toute particulière.

Erbalunga

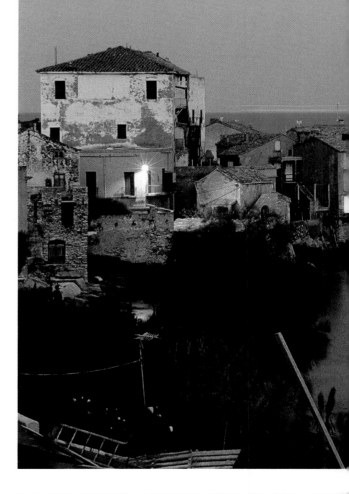

À quelques kilomètres au nord de Bastia, les maisons de pierres grises d'Erbalunga se pressent à fleur d'eau sur un éperon de schiste vert dont l'extrémité est occupée par une tour génoise.

Au XIIIe siècle, le minuscule port ouvert au pied même des vielles demeures est une escale très fréquentée des caboteurs qui commercent avec les ports de Toscane. Depuis la route qui mène de Bastia à Macinaggio, on accède au quai bordé d'arbres, par d'étroites ruelles et une petite place tranquille.

Hors saison, au milieu de l'après-midi, tout n'est ici que silence et jeux d'ombres et de lumières, au hasard des façades et des fenêtres à demi fermées.

Amarrées le long de la jetée, cinq ou six barques attendent leur patron qui ira caler ses filets en bordure du cap, vers Miomo au sud, ou en direction de Pietracorbara au nord. D'autres barques sont halées sur une plage, tout au fond du port ; sans doute, seront-elles repeintes avant de reprendre la mer.

L'été arrive et, avec lui, les touristes qui prendront d'assaut les ruelles du hameau. Mais, pour le moment, rien ne presse…

Erbalunga s'assoupit, dans une harmonie où les vieilles pierres semblent se couler dans la mer, protégées par leur tour de guet ancrée à l'extrémité de la roche.

Coup de vent d'est sur la minuscule marine. Aujourd'hui, les quelques barques qui s'y rattachent resteront à l'abri. Puis, comme un rite immuable, la pêche reprendra ses droits. Autrefois, Erbalunga était un port de commerce actif avec l'Italie.

CRÉDITS PHOTOGRAPHIQUES

Réalisation : BOOKMAKER
Suivi éditorial : Régine Ferrandis
Maquette : Maxence Scherf

Photogravure : Welcrome, Paris
Achevé d'imprimer en octobre 1998 chez Pollina à Luçon
N° d'impression : 75228
N° d'édition : FZ 3355-01
Dépôt légal : octobre 1998

Imprimé en France